Vestígios da floresta

Expedição na Mata do Mamão,
na Ilha do Bananal, 2016.

Preparação Simone Oliveira
Revisão Tatiana Vieira Allegro, Leandro Rodrigues
Capa, projeto gráfico e diagramação Cristina Gu

Imagem da capa Os indígenas Suruwaha Ikiji
(*in memoriam*), Ania e Umawi (*ao fundo, da
esquerda para a direita*) e o mateiro indígena
José Lopes dos Sales Apurinã (*à frente*) segurando
a batata-pajé (*Zamia ulei*)
Fotografia inédita de Sebastião Salgado, 2018
Acervo pessoal do fotógrafo

Dados Internacionais de Catalogação na Publicação (CIP)

Cangussu, Daniel
Vestígios da floresta: povos indígenas refugiados da
Amazônia / Daniel Cangussu. — São Paulo: Edições
Sesc São Paulo, 2024. — 204 p. il.: Fotografias. Mapas.

Bibliografia
ISBN: 978-85-9493-311-9

1. Nações indígenas. 2. Povos indígenas isolados.
3. Povos indígenas refugiados. 4. Floresta Amazônica.
5. Flora Amazônica. 6. Preservação da floresta.
7. Preservação do patrimônio cultural e imaterial.
8. Preservação de identidades culturais. 9. Indigenistas.
10. Mateiros. 11. Ameaças aos indígenas. 12. Ameaças
à floresta. 13. Análise de vestígios. 14. Funai. I. Título.
II. Subtítulo.

C1629   CDD 572.981

Elaborada por Maria Delcina Feitosa CRB/8-6187

Edições Sesc São Paulo
Rua Serra da Bocaina, 570 — 11º andar
03174-000 — São Paulo SP Brasil
Tel.: 55 11 2607-9400
edicoes@sescsp.org.br
sescsp.org.br/edicoes
 /edicoessescsp

Daniel Cangussu

Vestígios da floresta

Povos indígenas refugiados da Amazônia

Aos amigos indigenistas
Bruno Pereira e Rieli Franciscato,
in memoriam.

Apresentação

Luiz Deoclecio Massaro Galina
Diretor do Sesc São Paulo

O que dizem as árvores?

A Floresta Amazônica abriga um complexo conjunto de ecossistemas onde milhões de espécies interagem. A essa diversidade biológica, corresponde uma notável pluralidade cultural. A região conta com inúmeras populações tradicionais, entre as quais se destacam os povos indígenas que, ao longo dos milênios, desempenham um papel fundamental na formação da biodiversidade amazônica, por meio do manejo da floresta e do cultivo de alimentos como a castanha e a mandioca.

Entre as populações autóctones, a região amazônica abriga povos indígenas isolados que, por diversos motivos, optam por não conviver com pessoas não indígenas. Ao longo dos anos, indigenistas da Funai (Fundação Nacional dos Povos Indígenas) têm se dedicado a expedições com o propósito de monitorar esses grupos, protegendo-os e salvaguardando seus territórios de ameaças como o garimpo ilegal e a exploração madeireira clandestina.

Neste *Vestígios da floresta*, o biólogo Daniel Cangussu nos oferece um panorama de seu trabalho como indigenista expedicionário da Funai, começando por problematizar nomenclaturas, ao propor, por exemplo, a expressão "indígenas em isolamento compulsório" para descrever grupos que se viram obrigados a deixar seus territórios, de modo a evitar situações de risco advindas do contato com não indígenas.

Ao longo do livro, Cangussu aborda técnicas de leitura da floresta que, em conjunto, configuram uma ciência materia. Fundamentada em uma interpretação indiciária — que leva em conta a forma das árvores, a direção de seu crescimento, a presença mais abundante de certas espécies vegetais, entre outras informações vestigiais —, essa forma de conhecimento constitui uma arqueologia viva, talhada em caules e veredas que, mesmo após décadas ou séculos, atestam a presença humana na floresta.

Intercalada com vozes de antropólogas como Karen Shiratori e de indígenas como Sueli Maxakali e Mandeí Juma, a pesquisa de Cangussu oferece perspectivas que partem do chão da floresta, e não de um olhar em sobrevoo. Por meio desses conhecimentos situados, podemos nos aproximar não apenas dos trabalhos indigenistas, mas também de alguns dos contextos sociopolíticos em que se inserem.

O estudo desses temas é imprescindível em um contexto no qual a conservação da Floresta Amazônica é uma tarefa urgente para mitigar os efeitos ameaçadores da ação moderno-colonial sobre a Terra. Além de ser uma prerrogativa dos direitos humanos, garantir o direito dos povos indígenas a seus territórios é imperativo no Brasil, uma vez que essas populações desempenham um papel crucial na manutenção dos ecossistemas da maior floresta equatorial do planeta.

Considerando o papel do Sesc São Paulo como instituição educativa, a publicação deste volume representa uma oportunidade de contribuir com debates contemporâneos que tocam dimensões basilares de sua ação nos campos da diversidade e do meio ambiente. A leitura das histórias inscritas nas árvores e trilhas pode revelar saberes essenciais para imaginarmos e construirmos mundos mais ricos e diversos, tanto biológica quanto culturalmente.

Prefácio

Sebastião Salgado

Há uma diferença radical entre o ofício do mateiro e o de um fotógrafo: a obra deste consiste em captar os reflexos da luz nas coisas visíveis, a fim de apreender a riqueza de um instante, revelar a imanência objetiva e significante do objeto captado, numa espécie de enquadramento do real cujo êxito depende, em grande medida, do faro aguçado pela experiência e da prevalência de uma subjetividade artística. O mateiro, por sua vez, produz suas conclusões a partir do que não é visível, trabalha quase às cegas e analisa seus objetos através daquilo que não se deixa e não se pode ver, que se esconde, num fenômeno que confere à composição mateira — numa hipotética imagem — um mosaico difuso repleto de incertezas reveladoras. Ao primeiro, cabe a escolha do que revelar em tantas imagens possíveis; ao segundo, a identificação da presença na ausência.

O ofício do indigenista mateiro de que trata este livro é o de confirmar os caminhos percorridos em sua itinerância por povos indígenas isolados a partir de seus vestígios singulares; conjugar o conhecimento mateiro — apenas superficialmente intuitivo —, valendo-se da experiência empírica acumulada em anos de trabalho na aparente solidão das florestas, com as novas fronteiras abertas por ramos da ciência ainda em seus primórdios; e estabelecer nexos improváveis a partir da meditação proporcionada pelo próprio isolamento — prerrogativa *ex officio* —, de modo a formular reflexões profundas. Seu ponto de partida são as pequenas e sempre bem-vindas brechas que as matas, em seu labirinto fechado e inextricável, oferecem como uma espécie de dádiva àqueles que se lançam à desventura de afrontá-la, no intuito de perscrutar o mistério de povos isolados em sua cosmovisão e em sua alteridade, tão diversas e desconhecidas aos olhos leigos.

Eis alguns dos elementos que caracterizam o trabalho do mateiro, que, talvez por uma deliciosa ironia do destino, não permite que seus agentes tenham contato direto com o próprio objeto de estudo, algo completamente improvável a qualquer outra modalidade de conhecimento que aspire ao *status* de ciência. Trata-se de um paradoxo cuja superação certamente atentaria contra a existência do ofício: um hipotético encontro entre os profissionais que realizam o trabalho de monitoramento e os isolados engendraria a tragédia fundamental, a abertura irrevogável da caixa de Pandora, cujos efeitos, como uma espécie de pecado original, haveriam de ressoar e consumar, uma vez mais, a violação inaceitável de um limite — apesar do lúgubre fato de tal violação, ao longo da história, ter ocorrido tantas vezes, em consequência da sanha inabalável dos homens brancos em sua sede exploratória. É o que ainda se vê acontecer em lugares tão distantes do território amazônico quanto as terras yanomami, munduruku e do Vale do Javari, para falar apenas dos casos que atingiram manchetes de jornais nos últimos anos.

Cangussu, ao longo de sua narrativa, parece ter clara consciência de onde pretende chegar e, mais importante, deixa manifesto o que se pode esperar do ofício indigenista/mateiro, revelando ou admitindo, sempre que possível, as diversas limitações com que se depara durante o trabalho investigativo, a fim de afastar a tentação de que nós, leitores, nos excedamos nas atribuições conferidas ao trabalho desenvolvido por esses profissionais.

O presente título, *Vestígios da floresta: povos indígenas refugiados da Amazônia*, trata do olhar investido de um saber que a nós, leitores, assombra pela perspicácia que assume em seus contornos traçados sempre a partir de uma rotina silenciosa, uma intuição apurada pela dúvida, uma visão que se beneficia da privação, um exercício cognitivo que repele o óbvio e não se deixa encantar pelo grito sedutor do que está mais evidente.

Em sua missão descritiva, o autor adota uma postura amistosa e estabelece um compromisso didático com seus leitores, a fim de nos mostrar, como se fôssemos levados por sua mão a uma expedição de monitoramento, a exuberância das florestas, os segredos que se ocultam em seus detalhes, os recônditos inóspitos e reveladores da agência vegetal — enfim, os maiores ou menores indícios no trabalho de detecção e monitoramento de povos originários. Através de sua exaustiva descrição desse mundo vegetal, o autor paulatinamente nos revela o tênue traço que difere uma palmeira de outra, à primeira vista idênticas, e as valiosas pistas que esses improváveis vestígios podem fornecer a respeito tanto dos isolados quanto de suas práticas, devidamente inscritas em cada mínimo rincão dessa ainda imensa massa verde incrustada em solo amazônico. A riqueza de detalhes proporcionada por sua narrativa opera no sentido de desmistificar, passo a passo, a técnica que esses profissionais, quase sempre ungidos pela opinião pública com certa aura heroica, empregam em seu cotidiano. À medida que entramos nas matas por meio de sua exposição minuciosa, passamos a constatar, com maior lucidez, que o trabalho mateiro não reivindica para si atributos tais como bravura, temeridade, valentia ou coragem. *Vestígios da floresta* se preocupa, com senso de justiça e sensatez, em nos colocar perante os dilemas, as dificuldades e, sobretudo, as inseguranças que esses profissionais encaram em suas rotinas.

Conheci Daniel Cangussu em 2017, na cidade de Lábrea, no Amazonas, por ocasião de uma expedição ao território dos Suruwaha, como parte do projeto *Amazônia*. Minha convivência com ele foi de grande auxílio na relação com aquele povo de recente contato. Neste livro, percebo que Cangussu parece emular os atributos de sua personalidade: o tom comedido, a discrição gestual, a perseverança e a convicção da causa que tomou para si. São qualidades imprescindíveis ao ofício que desenvolve na região sul do Amazonas, facilmente detectáveis nestas páginas por todos aqueles que o conheceram pessoalmente — ofício esse que seguiu exercendo junto com uma geração de indigenistas resilientes, apesar das limitações enfrentadas — e depois exercidas ativamente — pela Funai na implementação de sua política do não contato, estabelecida ainda nos anos 1990 por Sydney Possuelo.

Biólogo de formação e indigenista quase que por acaso, Daniel é um daqueles casos raros de indivíduos que se encontraram com sua verdadeira vocação: o trabalho em defesa dos povos isolados e de recente contato. Tanto assim que eu não poderia imaginá-lo de outro modo que não aquele do qual fui testemunha ocular. Com sua timidez eloquente, Cangussu me expôs minuciosamente as características dos povos com que trabalha: os Jamamadi, povo constituído por vários grupos de contato mais intenso com não indígenas; os próprios Suruwaha, de contato recente; e os Hi-Merimã, grupo que conserva algum grau de parentesco com os Jamamadi, mas que optou, em algum momento de sua trajetória, por evitar o contato com os brancos, permanecendo até hoje em isolamento.

Em tese, seu trabalho consiste em vigiar as entradas das terras indígenas a fim de evitar que esses grupos sejam assediados por invasores. Na prática, contudo, o trabalho indigenista vai muito além da "bisbilhotagem" desses povos — termo utilizado pelo próprio Cangussu —, e contempla uma miríade de técnicas e ciências para que o monitoramento e a proteção de povos originários sejam efetivamente concretizados: do conhecimento mecânico capaz de manter em operação o motor de uma embarcação, passando pela botânica, a ecologia e a arqueologia, até chegar às novas perspectivas oferecidas pela etnologia ameríndia e pela etnobotânica. A esse último segmento científico, em particular, Cangussu oferece fascinantes contribuições. Ele explica com riqueza de detalhes, por exemplo, como os isolados Hi-Merimã manejam as espécies não domesticadas de seu território. Eles não fazem uso da mandioca, tão propalada entre a maioria dos povos ameríndios. Eles se alimentam de uma batata gigantesca chamada cientificamente de *Casimirella ampla*, cujo consumo por etnias amazônicas parece ter antecedido a disseminação da própria mandioca. Vi essa incrível batata pela primeira vez por meio de uma foto tirada por

Elizabeth Miguel, companheira de Cangussu. Segundo ele, o consumo ainda em voga da *Casimirella* pelos Hi-Merimã pode constituir um importante indício da ancestralidade e da própria história desses povos isolados. Outra espécie tuberosa, a batata-pajé, presente na foto que ilustra a capa desta publicação, revela a centralidade que as batatas assumem nesse contexto.

Mais do que oferecer uma visão abrangente do trabalho indigenista no âmbito da política do não contato, *Vestígios da floresta* proporciona um compêndio de informações valiosas destinado a ilustrar o olhar dos leigos a respeito do trabalho conduzido pela Funai, e representa também a conjugação de dois predicados raramente vistos de maneira tão clara: o conhecimento mateiro, predominantemente empírico e transmitido pela oralidade — e aqui devemos mencionar Rieli Franciscato, mateiro experiente de quem Cangussu foi uma espécie de pupilo —, e a inclinação científica e investigativa do autor. Esta obra, portanto, encarna uma grande novidade não só pela escassez de publicações indigenistas, mas sobretudo pela forma como somos levados a conhecer as insólitas peculiaridades desse trabalho tão necessário: por meio do relato fiel que Cangussu ora nos apresenta, imbuído da sinuosidade inerente aos varadouros amazônicos em sua exposição cristalina e comodamente dotado de contribuições ao trabalho mateiro em suas quebradas argumentativas, refletidas com a nitidez de um igarapé no espelho destas fascinantes páginas.

Todo conhecimento cósmico é *um ponto de vida* (e não apenas *um ponto de vista*), toda verdade é o mundo no espaço de mediação do vivente [...]. Para conhecer o mundo é preciso escolher em que grau da vida, em que altura e a partir de que forma se quer olhá-lo e, portanto, vivê-lo. Precisamos de um mediador, um olhar capaz de ver e viver o mundo lá onde não conseguimos chegar.

EMANUELE COCCIA

Introdução

Inúmeras notícias sobre povos indígenas isolados foram veiculadas pela grande mídia na última década. O tema, até então distante da maioria das pessoas — restrito apenas ao imaginário de alguns e a histórias fictícias sobre as florestas —, se tornou popular e extrapolou o âmbito dos especialistas. Basta dizer que a internet está repleta de documentários e vídeos bastante visualizados sobre aparições de grupos isolados em praias de rios, registrados tanto por amadores quanto por indigenistas durante suas expedições. A quebra do isolamento entre alguns desses grupos indígenas nos estados do Acre, Maranhão e Amazonas vem sendo noticiada desde 2014, e a existência de mais grupos isolados também já foi confirmada[1]. Em agosto de 2022, recebemos a triste notícia do falecimento do último representante de um povo. Um homem que se manteve recluso e solitário até o fim de sua vida, resistindo em um pequeno fragmento de mata situado no estado de Rondônia e cercado por grandes latifúndios pecuaristas. Esse acontecimento reacendeu o debate sobre

---

1. Em 2014, houve o contato com os grupos indígenas Awá Guajá, no Maranhão; Xinane, no Acre; e Korubo, no Vale do Javari, no Amazonas. Entre 2015 e 2019 ocorreram mais contatos com grupos isolados no Vale do Javari. Já em 2015 e em 2021, houve a confirmação da existência de mais grupos indígenas isolados até então desconhecidos.

esses povos, chamando a atenção para o intrigante cenário amazônico. Um dos reflexos desse processo, que repercute informações e confere uma visibilidade inédita a esses povos, consiste na popularização e na apropriação do assunto por diversos segmentos do debate público.

O súbito "ressurgimento" dos povos isolados em nosso mundo, embora nos convide a um exercício de retrospecção sobre a história do nosso país, ancora-se em um fato contemporâneo e catastrófico: a diminuição das florestas e o aumento do cerco em torno dos territórios habitados pelos povos isolados na Amazônia. As terras indígenas situadas na fronteira entre o Brasil e o Peru estão tomadas pela ação de madeireiros e narcotraficantes, a indústria petroleira avança sobre as reservas florestais do Equador, a Terra Indígena (TI) Yanomami convive há décadas com a destruição e a contaminação provocadas pelo garimpo ilegal, ao passo que o sul do Amazonas — região onde atuo — é alvo de um incontrolável processo de desmatamento e grilagem. Todos esses territórios são lares de povos indígenas isolados. Com a destruição de seus últimos refúgios, o contato com nossa sociedade é o que resta a grande parte dessas populações indígenas. A morte trágica do indigenista Rieli Franciscato em 2020 e o assassinato brutal do indigenista Bruno Pereira e do jornalista Dom Phillips em 2022 — que atuavam diretamente na proteção dos territórios de povos indígenas isolados — são também reveladores desse sensível e dramático cenário.

Fato inequívoco é que os povos indígenas isolados, antes relegados a um imaginário coletivo difuso e a um passado perdido das florestas da América, são hoje parte essencial nos principais debates envolvendo a gestão de áreas protegidas em muitos dos territórios amazônicos. Nos últimos anos, entidades indigenistas e de proteção aos direitos humanos têm articulado a produção e a publicação de dossiês sobre esses povos e seus territórios na América do Sul, e indigenistas e pesquisadores/as têm dado visibilidade a suas experiências dentro e fora da academia. Assim, a existência desses povos passa a ser cada vez mais reconhecida pela sociedade. Inevitavelmente, esse processo, ainda em curso, também cumpre um papel importante na política pública, uma vez que confere visibilidade às demandas de proteção dos territórios de povos isolados. Afinal, a sociedade civil e os órgãos de controle não podem ajudar ou proteger aquilo ou aqueles sem que disponham das mínimas informações para isso. Os povos isolados que amiúde tiveram sua existência desacreditada ou mesmo negligenciada são hoje personagens centrais no horizonte político do país, embora ainda exerçam sua influência apenas de modo indireto, ou seja, evitando o contato.

Em parte pelo exotismo que evoca, em parte por seu caráter extraordinário, a questão dos isolados ainda constitui um mistério para a maioria das pessoas, suscitando dúvidas muito similares seja entre acadêmicos durante palestras e conferências, seja em conversas informais entre amigos e familiares. Eis algumas das perguntas mais recorrentes: "É verdade que ainda existem grupos indígenas isolados na América do Sul? Se assim é, por quê?"; "Eles vivem como se vivia há mais de 500 anos?"; "Por que os indigenistas não realizam uma imensa força de trabalho para encontrar cada um desses grupos e fazer com que se integrem à nossa sociedade?"; "Não há como lhes oferecer apoio, ferramentas e medicamentos?"; "É possível saber a origem dessas pessoas? Quantas são?"; "Como as equipes de campo da Funai conseguem produzir informações acerca desses grupos sem estabelecer qualquer contato com eles?"; e, por fim, o questionamento mais frequente: "O que é preciso para se tornar um indigenista expedicionário?" Buscarei dirimir essas dúvidas principais ao longo do livro, assim como também compartilhar e incutir outras nos leitores. Esclareço, por ora, que "povos indígenas isolados" são comunidades modernas, contemporâneas; são, a bem da verdade, grupos de refugiados indígenas — e é a eles que venho prestar minha homenagem ao longo destas páginas.

Este livro é resultado das muitas releituras que fiz da dissertação de mestrado que defendi no Instituto Nacional de Pesquisas da Amazônia (Inpa) em 2021. De lá para cá, tive a oportunidade de falar sobre meu trabalho para muitas pessoas cujas dúvidas me instigaram a aprofundar aspectos pertinentes da pesquisa e, também, refletir com relação a questões com as quais ainda não havia atinado. Abriu-se, assim, uma brecha para que eu pudesse compartilhar os caminhos historicamente percorridos pela política indigenista adotada pela Funai naquilo que me diz respeito e no que me mobiliza. A fim de alcançar uma escrita mais leve e acessível aos menos ambientados com o tema, tentei renunciar, sempre que possível, às citações bibliográficas e terminologias técnico-científicas que em geral orientam a linguagem acadêmica[2].

2. Para um aprofundamento teórico sobre o tema, consultar a relação de obras do autor Daniel Cangussu na seção *Referências bibliográficas*, p. 169-173.

Povos indígenas refugiados

1.

Acampamento
wyrapara'ekwara, 2013.

A Amazônia é habitada por diversos grupos indígenas
atualmente em isolamento, povos que, em algum momento
da história recente da Amazônia, interromperam relações
intermitentes ou contínuas com os não indígenas e, inclusive, com outros povos indígenas com quem compartilham
uma mesma realidade histórica e territorial. Esse fato, que
se revela como um fenômeno social, está intimamente re-
lacionado aos ciclos da borracha e à implantação de grandes projetos de infraestrutura no território amazônico — a
exemplo da abertura da Transamazônica —, processos que
disseminaram juntos violência e morte entre as comunidades nativas do norte do país nos últimos dois séculos.

Para as políticas indigenistas de Estado da América do Sul, "povo indígena isolado" (PII) precisa ser compreendido como um conceito administrativo. Essa categoria oficial usada para se referir aos povos nessa situação não abrange, no entanto, a pluralidade das experiências históricas próprias ao processo de isolamento e, concomitantemente, de recusa duradoura ao contato. A ideia de isolamento e as diversas acepções desse conceito dizem muito pouco sobre os povos indígenas objeto dessa mesma política protetiva oficial. Para compreender a emergência do conceito e de suas distintas nomeações, convém perpassar pelo contexto histórico que desembocou na estratégia denominada isolamento por parte desses povos.

Há outras expressões comumente utilizadas por indigenistas, indígenas[3] e etnólogos para se referir à estratégia de sobrevivência e controle das relações de contato adotada por esses grupos. Os termos mais correntes na bibliografia são: povos resistentes, resilientes, ocultos, autônomos, livres, ecossistêmicos e em isolamento voluntário. Neste último caso, prefiro optar, a título de esclarecimento, pela expressão "indígenas em isolamento compulsório", visto que se trata, até onde se sabe, de povos isolados que alguma vez tiveram contato com os brancos mas que, em determinado momento, passaram a evitá-los devido aos riscos inerentes a essa relação. Para tanto, se viram *obrigados* a abrir mão de porções da floresta onde esse contato poderia ocorrer.

Os demais termos, contudo, a exemplo de "isolado", também são essencialmente problemáticos, uma vez que intentam definir uma condição geral para povos e contextos etnográficos

Machado dos Awá-Guajá, isolados da TI Araribóia, confeccionado a partir de pedaço de mola de caminhão dos madeireiros invasores de seu território, 2013.

3. É o caso de Lucas Manchineri, morador da TI Mamoadate, localizada nos municípios de Assis Brasil e Sena Madureira (AC). Esse território é lar dos povos Manxineru (Yine), Jaminawa, e de grupos indígenas isolados. Lucas, que é indígena, relata: "Nós os chamamos de Yine Hosha Hajene, ou 'povo desconfiado'. Por que são desconfiados? Porque decidiram não acreditar nas pessoas estranhas" (Fany Ricardo; Majoí Fávero Gongora (org.), *Cercos e resistência*: povos indígenas isolados na Amazônia brasileira, São Paulo: ISA, 2019, p. 170).

muito diversos. Acrescem-se a isso tanto a ausência de um consenso entre indigenistas e etnólogos como a inexistência de um termo mais adequado que dê conta de representar a diversidade do modo de vida desses povos. O termo "desconfiado" foi originalmente utilizado por Lucas Manchineri, indígena morador da TI Mamoadate, e parece expressar um sentimento comum a esses povos. A despeito da complexidade de cada caso e da situação que motivou seu isolamento, é possível afirmar que esses grupos — e, muitas vezes, alguns indivíduos — são remanescentes de epidemias e massacres, e, de fato, a desconfiança para com os estrangeiros e forasteiros é um sentimento provavelmente compartilhado por todos eles.

Contatos extremos

O contato com os brancos — fossem eles navegantes do Velho Mundo, colonizadores escravocratas do século XVII ou missionários proselitistas que adentraram os territórios amazônicos apenas nas últimas décadas — teve desdobramentos catastróficos para as populações autóctones da América do Sul, deixando cicatrizes profundas em suas estruturas sociais, políticas e culturais, quando não as destruíram por completo. Ainda nos primórdios do contato, os primeiros viajantes que descreveram a Amazônia, a exemplo de Cristóbal de Acuña e do frei Gaspar de Carvajal, mencionam populações numerosas. Já os cronistas do século XVIII se depararam com vazios demográficos distribuídos por vastas regiões da floresta. Estimativas indicam que a população indígena da Amazônia é hoje apenas uma pequena fração do que era às vésperas da invasão europeia. Supõe-se que, nos dois primeiros séculos de colonização, a queda demográfica na Amazônia foi da ordem de 90% — de uma população que chegou a orbitar em torno de 20 milhões de pessoas. Embora haja consenso entre historiadores e demógrafos sobre esse colapso populacional, ainda se discutem de maneira intensa as dimensões e as causas desse processo tão acentuado de desaparecimento de povos. A exemplo da herança deixada pela colonização europeia a partir do século XV em outros cenários pelo mundo, a presença humana se rarefez na Floresta Amazônica, embora tenha contribuído para construí-la — um fenômeno que só pode ser retraçado a partir da história recente desse genocídio. Muitas chacinas perpetradas pelos estrangeiros foram arquitetadas pela disseminação deliberada de epidemias, responsáveis por contagiar os indígenas com doenças contra as quais eles não tinham defesas imunológicas eficientes.

Uma resposta ao massacre e à perseguição de muitos dos grupos sobreviventes foi o refúgio e o isolamento nas áreas mais remotas da floresta. Muito embora a fuga e o isolamento tenham sido estratégias historicamente adotadas perante as mazelas da colonização e, mais recentemente, perante as tentativas de atração, pacificação e integração — forçadas, na maioria das vezes —, a realidade contemporânea com que esses grupos se deparam é bem diferente daquela que seus ancestrais — as primeiras levas de refugiados dos séculos anteriores — enfrentaram para resistir e continuar sobrevivendo. Já não há mais uma vasta floresta para onde podem se deslocar e, a partir daí, se restabelecer e recomeçar. Os sobreviventes encontram-se agora acossados quase nas fronteiras das cidades, cercados por fazendas pecuaristas, garimpos, hidrelétricas e monoculturas, muitos deles reduzidos a pequenos núcleos familiares que resistem em redutos florestais ou remanescentes das matas dos estados do Maranhão, Tocantins, Mato Grosso e Rondônia. É nessas paisagens em ruínas que o conceito de isolamento passa a ser reconhecido e assimilado oficialmente pela política indigenista brasileira.

É essencial, portanto, desmistificar equívocos que ainda pairam acerca dos povos indígenas isolados da América do Sul. Não se trata de pessoas ou comunidades presas a um passado perdido, ignorantes da existência dos não indígenas. Tampouco são civilizações prístinas que ignoram o mundo tecnológico das mercadorias dos brancos, suas plantas, ferramentas e, sobretudo, sua letalidade, a exemplo das ideias comumente associadas — mas não menos equivocadas — à experiência do contato nos tempos do "descobrimento". Longe disso. É preciso deixar claro: os povos indígenas isolados são profundos conhecedores dos não indígenas e experimentaram e ainda experimentam momentos de extremo contato.

Algumas dessas comunidades se mantêm em constante fuga em ambientes de grande pressão territorial ou assentadas nos mais distantes rincões de florestas remanescentes da Amazônia ocidental. A grande mobilidade que esses pequenos agrupamentos humanos foram forçados a adotar ao longo de décadas ou séculos, para ocultar-se e camuflar-se como única via de sobrevivência, constitui um argumento utilizado por invasores dos territórios indígenas para negar sua existência. Da insistência na recusa ao contato com o Estado e com a sociedade ocidental emergiu o conceito de "índio brabo e arredio", aquele que deveria ser amansado — ideal prevalente na concepção do indigenismo sertanista durante grande parte do século XX.

Até o ano de 2024, o Brasil, país onde reside a maior população de povos indígenas isolados do mundo, reconhecia oficialmente cerca de 120 registros relacionados à existência desses grupos, sendo 30 deles já devidamente confirmados. Registros de Povos Indígenas Isolados (RPIIs) são a base do processo de sistematização de dados sobre o reconhecimento da existência desses povos na Amazônia. Esses registros são produzidos e gerenciados por diferentes instituições governamentais, como a Fundação Nacional dos Povos Indígenas (Funai), no Brasil; a Secretaria de Derechos Humanos, no Equador; a Dirección de Pueblos Indígenas en Situación de Aislamiento y Contacto Inicial (Daci), no Peru; e o Ministério del Interior, na Colômbia. Organizações não governamentais indigenistas também sistematizam e publicam dados sobre esses registros, a exemplo do Instituto Socioambiental (ISA) e do Observatório dos Povos Indígenas Isolados (OPI), ou administram bancos de dados próprios, como o Conselho Indigenista Missionário (Cimi), sobretudo em regiões onde as políticas governamentais são insuficientes ou inoperantes. Grande parte dos RPIIs são produzidos em expedições para localização

REGISTROS DE POVOS INDÍGENAS ISOLADOS DA AMAZÔNIA
ILHAS HUMANAS EM SUBMERSÃO

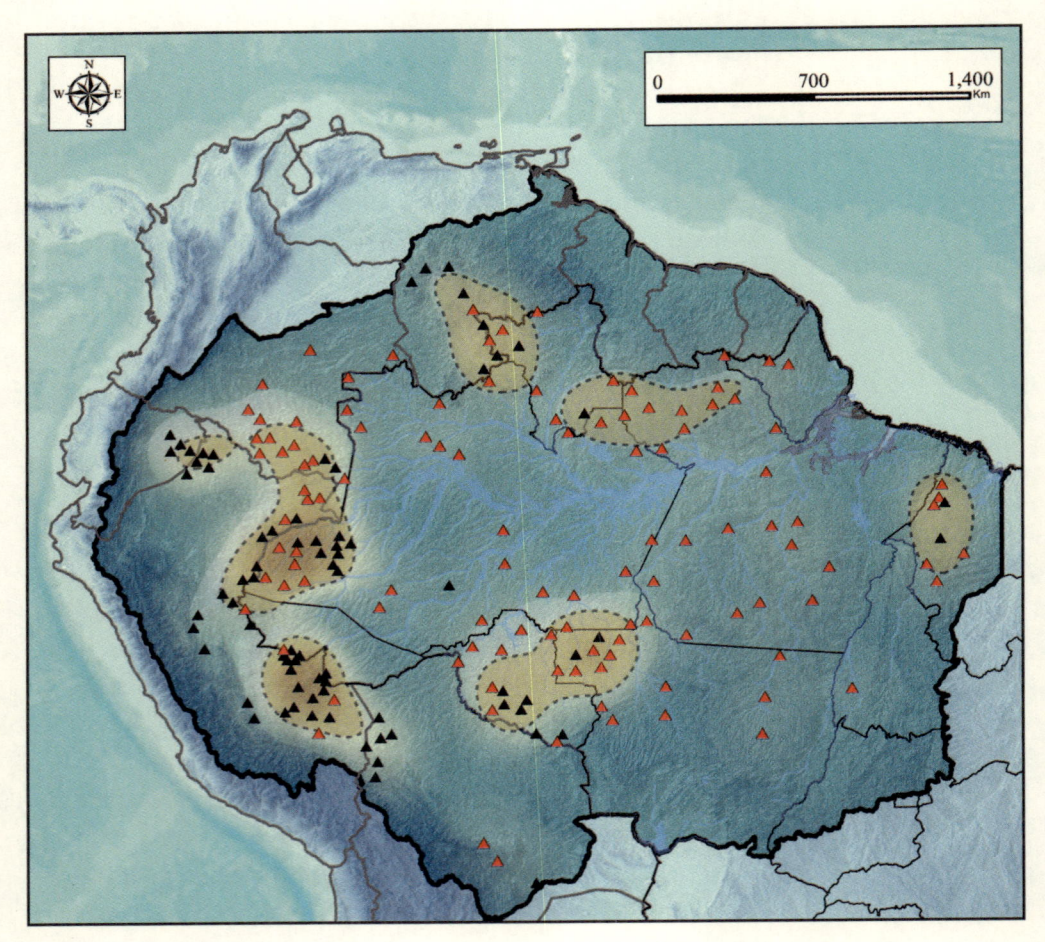

Legenda

MACRII – Macrorregião de Concentração de Registros de Povos Indígenas Isolados

▲ Registros de povos indígenas isolados a serem confirmados

▲ Registros de povos indígenas isolados confirmados

Principais rios

Limites biogeográficos da Amazônia

Limites estaduais do Brasil

Limites estaduais dos países da América do Sul

Núcleo de Ecologia Aplicada à Proteção de Territórios de Povos Indígenas Isolados da Amazônia

e monitoramento de povos isolados, ou derivam de informações coletadas por sensoriamento remoto ou por outros povos habitantes das florestas e, posteriormente, recompiladas por entidades responsáveis pela administração desses bancos de dados. Em geral todo esse material é revisado e submetido a novas investigações. Nas políticas indigenistas, um RPII confirmado corresponde a um grupo indígena isolado, o qual pode ter uma população de mais de 300 pessoas ou corresponder a um pequeno grupo de poucos indivíduos. Grande parte de todos os registros na Amazônia ainda se encontra em fase de investigação, requerendo maior investimento em pesquisa para sua confirmação, ou seja, para que a localização definitiva dessas comunidades indígenas isoladas se efetive.

Entre os povos indígenas isolados mais populosos da Amazônia estão os Hi-Merimã, habitantes do sul do Amazonas; os Wyrapara'ekwara, habitantes da TI Uru-Eu-Wau-Wau, em Rondônia; os habitantes da TI Massaco, também em Rondônia; os Korubo e os "índios flecheiros", habitantes do Vale do Javari, no Amazonas; os Mashco Piro, situados na fronteira entre o Brasil e o Peru; e os coletivos Yanomami, no estado de Roraima. São povos com uma população que varia de 100 a 300 pessoas. Os demais são compostos de grupos diminutos vivendo de maneira dispersa, a exemplo dos Kagwahiva, nos estados do Amazonas, Rondônia e Mato Grosso, e dos Awá-Guajá, nos fragmentos de florestas do Maranhão.

O refúgio como resposta aos brancos

O indigenista Rieli Franciscato faleceu em 2020 após ser atingido no peito por uma flecha atirada pelos Wyrapara'ekwara, um povo indígena isolado, durante uma atividade de campo nos limites da TI Uru-Eu-Wau-Wau (RO). Trata-se de um episódio dramático para o indigenismo brasileiro, já que Rieli havia dedicado toda a vida à proteção de grupos indígenas isolados, tendo sido inclusive um dos integrantes da expedição que confirmou oficialmente a loca-

Página ao lado: Mapa com a indicação dos registros de povos indígenas isolados na Amazônia.

lização dos próprios Wyrapara'ekwara, quase três décadas antes, e um dos responsáveis pelo processo que culminou na homologação da TI Massaco[4], em 1998, em Rondônia.

Conheci Rieli em 2013, ocasião em que caminhamos juntos no interior da TI Uru-Eu-Wau-Wau a fim de monitorar vestígios de grupos isolados. Ele foi um mateiro virtuoso, professor excepcional da ciência das florestas e ilustre representante de uma tradição sertanista da Funai composta de tantos outros grandes indigenistas mateiros. Sua morte prematura foi um duro golpe à política de proteção dos territórios dos povos isolados do Brasil que ele próprio ajudou a formular e defendeu; um evento trágico e injusto que demanda uma melhor compreensão e uma discussão pública e acadêmica mais profunda sobre o alcance e a imutabilidade do processo colonizador do Brasil nesses mais de 500 anos. Penso que a trajetória de uma pessoa como Rieli deveria constar nos livros didáticos das escolas do país, o que ajudaria todos a compreender tanto a lógica de ocupação territorial do Brasil como o fenômeno social de isolamento dos grupos indígenas na Amazônia.

Acompanhando à distância a investigação das circunstâncias de sua morte, conduzida por indigenistas e policiais, percebi que muitas informações essenciais para compreender esse episódio não receberam a atenção adequada da mídia e, portanto, não influenciaram o debate público.

Meses antes do ocorrido, um grupo Wyrapara'ekwara havia se aproximado do limite de seu território de ocupação. Os indígenas tinham decidido manifestar sua presença expressando suas intenções por meio de uma negociação. Para tanto, pegaram para si um velho machado e uma galinha, de propriedade de uma moradora de um sítio localizado no entorno da TI, e deixaram em troca um quarto de queixada (um porco do mato) assada. Os moradores do sítio foram

---

4. A TI Massaco se destaca por ter sido a primeira destinada exclusivamente a um povo indígena isolado e com uma demarcação realizada sem que se estabelecesse nenhum contato. Portanto, o mencionado território constitui também um marco simbólico para a política indigenista. Os indigenistas Rieli Franciscato, Altair Algayer, Antenor Vaz, Ariosvaldo dos Santos, Paulo Pereira e Carlos Benigno e os indígenas Adonias Jabuti, Leonardo Tupari e Valdecir Kampé foram alguns dos pilares técnicos desse processo.

Rieli Franciscato no interior de um acampamento wyrapara'ekwara, 2013.

os primeiros a darem conta da falta de seus pertences e da presença da carne de caça naquele dia. O ato de troca promovido pelos indígenas pode ser interpretado como uma iniciativa evidente de estabelecer uma relação pacífica com os vizinhos. Nesse contexto, revelar a própria presença já é, por si só, uma comunicação não violenta, visto que não se associa a manobras de rapto ou de ataque-surpresa.

Semanas depois, outro grupo reapareceu nos limites da TI, dessa vez próximo a uma trilha de invasores garimpeiros da TI Uru-Eu-Wau-Wau. O que se seguiu após o avistamento dos indígenas, no entanto, foram ininterruptas manifestações de violência, xingamentos histéricos proferidos aos quatro ventos (e postados nas redes sociais) pelos moradores não indígenas do entorno, com disparos de foguete (até onde se sabe) na direção da borda da floresta, onde o grupo isolado, durante todo esse tempo, se manteve assustado e recluso. Foi nesse cenário de grande pressão e assédio sobre o grupo Wyrapara'ekwara que Rieli se aproximou inadvertidamente do local onde os indígenas encontravam-se encurralados. Numa tentativa de se defender da fúria dos brancos, ou quem sabe por vingança de uma morte anterior, o grupo lançou uma única flecha — que atingiu Rieli — e, em seguida, se recolheu para o interior da TI Uru-Eu-Wau-Wau em busca de relativa segurança. Rieli foi vítima, portanto, não de "índios bravios", mas do preconceito e da violência gratuita contra as populações nativas da Amazônia.

Altair Algayer, experiente indigenista e, também, amigo de Rieli, disse-me que acreditava que Rieli havia protegido os isolados não só em vida, mas também com a própria morte, pois, segundo ele, se o destino da flecha wyrapara'ekwara tivesse sido um dos pecuaristas ou sojeiros da região, muitos declaradamente anti-indígenas, o episódio provavelmente teria sido o mote de uma onda de violências contra os povos da TI Uru-Eu-Wau-Wau, como já vimos ocorrer no passado.

O acontecimento revela que o isolamento dos povos indígenas é um reflexo da incapacidade da nossa sociedade de se relacionar com esses povos. Configura-se um fenômeno social contemporâneo, que está em pleno curso. No momento em que você lê estas linhas, haverá algum ou alguns grupos ou indivíduos indígenas iniciando processos de isolamento, ou seja, desistindo dos modos indignos de relação propostos pelos brancos. Mesmo com mais de um século de contato com os brancos, os Jamamadi, por exemplo, habitantes do interflúvio do médio curso dos rios Purus e Juruá, no sul do Amazonas, estão aos poucos retornando às antigas moradas nas cabeceiras dos igarapés, como fizeram antes deles seus parentes Hi-Merimã. Estão conscientemente repelindo a relação nociva proposta tanto pelas instituições do Estado como por missionários proselitistas. Os Maxakali do nordeste de Minas Gerais, por sua vez, impossibilitados de se isolar espacialmente (já que há séculos seu território foi completamente tomado pelos invasores), parecem ter encontrado no isolamento social e linguístico um ambiente seguro contra a sanha dos brancos. Como eles mesmos dizem, saciaram a voracidade dos colonizadores com a própria terra, mantendo para si a língua e os cantos. Os Maxakali se amparam na força de seus *yãmĩy*, os espíritos, segundo eles guardiões das histórias e da ancestralidade das florestas do Vale do Mucuri e de todos os seus habitantes.

A política do não contato

No início do século XX, a Primeira República ainda buscava consolidar a presença do Estado nas terras habitadas por populações nativas, o que despertava grande interesse das oligarquias que governavam o Brasil. Os povos indígenas, a exemplo de hoje, eram vistos pelo Estado como um empecilho ao desenvolvimento do país, justamente por resistirem aos ideais de sociedade e de nação preconizados pela elite brasileira. Uma das medidas adotadas a fim de superar esse inconveniente foi a criação, em 1910, do Serviço de Proteção aos Índios e Localização de Trabalhadores Nacionais, posteriormente Serviço de Proteção ao Índio (SPI), vinculado ao Ministério da Agricultura, Indústria e Comércio. Em suma, competia ao órgão fazer contato com populações indígenas e adotar medidas para que elas fossem absorvidas como mão de obra nas atividades agrícolas e domésticas em fazendas. Por vezes, algumas pequenas glebas eram destinadas às comunidades contatadas. O processo, obviamente, não se deu sem violência. Atribui-se a esse período a consolidação de uma prática que influenciaria por décadas o indigenismo brasileiro, inspirado pelas expedições do marechal Cândido Mariano da Silva Rondon, notabilizado por apregoar o lema nunca matar, morrer se preciso for, pela vida dos "índios", o que faria coro ao mito da cordialidade do povo brasileiro.

Em substituição ao SPI, foi criada a Funai, em 1967. Antes disso, em meados do século XX, os sertanistas Cláudio Villas-Bôas, Orlando Villas-Bôas e Francisco Meireles coordenaram as mais conhecidas expedições de pacificação do Centro-Oeste brasileiro. Algumas delas foram articuladas de modo a deslocar aldeias inteiras da rota de passagem de empreendimentos de infraestrutura que poderiam condená-las ao extermínio. Essas expedições também foram responsáveis por dar visibilidade a muitos dos grupos contatados, culminando na criação do Parque Indígena do Xingu, no Mato Grosso. Apesar de controversa, tal política indigenista não se configurou genocida, pelo contrário: portou-se como redentora de povos que estariam fadados ao desaparecimento, fazendo contrastar essas medidas de contato compulsório com as práticas levadas a cabo ao longo dos mais de 500 anos de história do Brasil. Contudo, se nosso olhar sobre esse panorama idealizado for aguçado, não fica difícil constatar — e compreender — a dimensão do desaparecimento acelerado de diversas comunidades indígenas em todas as regiões do país.

As expedições de pacificação de "índios arredios" envolviam grandes riscos tanto para os indígenas quanto para os sertanistas com os quais aqueles frequentemente entravam em confronto direto. Não foram poucos os sertanistas que, flechados ou surpreendidos pelas rápidas bordunas[5], acabaram perdendo a vida. Por outro lado, há inúmeros registros de indígenas alvejados e mortos por sertanistas que não viram outro meio de salvar a vida diante de encontros precipitados e de contatos malsucedidos. Em inúmeros casos, mesmo conhecendo o risco, expedições seguiram sendo um dos principais vetores de doenças como sarampo, varíola e gripe, responsáveis por dizimar comunidades inteiras. Aos sobreviventes, a exemplo do que se observa ainda hoje, oferecia-se uma política de Estado deficitária, travestida de fatalidade.

Aqui, o lema rondoniano matar nunca, morrer se preciso for, que se constituiu como princípio norteador das ações e diretrizes da política indigenista contemporânea, não repre-

38

----

5. Bordunas são armas indígenas. Parte importante da cultura bélica dos povos nativos da América do Sul, não são ferramentas de uso diário, como arcos e flechas, destinando-se à guerra e a contextos ritualísticos. Muitas vezes semelhantes a espadas de madeira, sua aparência (comprimento, forma e decoração) e seus nomes (borduna, manacã, tangapema, ivirapema, tacape etc.) variam entre as diferentes nações indígenas.

Cordas de uma velha maqueira (rede) hi-merimã em acampamento abandonado, 2016.

sentou a realidade dos bastidores da política de atração e pacificação desempenhada sob o dossel das florestas.

Em resposta a esse cenário funesto, em 1987 o Brasil adotou oficialmente o "não contato" como orientador de sua política voltada a povos indígenas isolados. Naquele ano, celebrava-se o Primeiro Encontro de Sertanistas da Funai, evento que resultou na elaboração de um relatório que reafirmava a necessidade de o Estado proteger indígenas isolados sem contatá-los contra sua vontade. Posteriormente, a presidência da Funai publicou portarias responsáveis por instituir e regulamentar o Sistema de Proteção ao Índio Isolado, envolvendo um conjunto de ações administrativas e unidades operacionais por meio das quais a política estatal de proteção desses grupos indígenas passaria a ser implementada.

As expedições de atração e pacificação que tinham por objetivo o contato direto com os isolados, sendo, portanto, explicitamente invasivas, deram espaço a metodologias investigativas que tinham como princípio o direito político à decisão pelo isolamento e, consequentemente, o não contato. As ações de localizar, monitorar, demarcar e proteger territórios nos quais havia indícios da presença de ocupantes desconhecidos, sem que se fizesse necessário estabelecer relações entre os servidores do Estado e eles, passaram a impor um novo desafio metodológico ao órgão indigenista oficial, ou seja, forçaram seus responsáveis a adotar um olhar distinto para os territórios ocupados por florestas cujos vestígios sinalizavam a presença de grupos ou pessoas até então sem registro que os identificasse oficialmente. Vestígios que revelam qualquer ação humana no meio ambiente são tecnicamente denominados "vestígios antrópicos" — daí a nomenclatura cada vez mais usual de "florestas antropizadas" em oposição ao conceito de "florestas virgens".

A despeito dos inúmeros desafios enfrentados pelo Estado na implementação da política indigenista do não contato, o Brasil se configura como importante referência técnica nas ações de localização, monitoramento e proteção de povos isolados e de seus territórios. A legislação brasileira acerca do tema é robusta se comparada à dos demais países da América do Sul. Para tornar factível a política indigenista do não contato, nos últimos trinta anos a Funai se esforçou para promover a formação de um quadro próprio de "indigenistas expedicionários", ou seja, especializados em monitorar vestígios antrópicos no interior da floresta.

Entre os vestígios que integram o "registro indigenista" estão acampamentos abandonados, artefatos da cultura material, varadouros (caminhos pela floresta), árvores com marcas de tiradas de enviras (fibras vegetais da entrecasca de certas espécies) e de mel, locais de caça e coleta e tudo aquilo que denuncia e atesta a passagem de determinado grupo por aquele território. As expedições de localização e monitoramento de povos indígenas isolados são geralmente realizadas em colaboração com indígenas das áreas nas quais se encontram grupos isolados ou com moradores de localidades limítrofes — são eles os principais conhecedores desses territórios. Os vestígios são registrados por meio de informações escritas e visuais, posteriormente analisadas e armazenadas no banco de dados da Funai. Desses dados primários é possível extrair muitas outras informações valiosas.

Matar nunca, correr se preciso for

Como mencionado, muitos sertanistas foram mortos por flechas — geralmente envenenadas — e bordunas indígenas durante as expedições de atração e pacificação de "índios arredios". Contudo, as narrativas sertanistas não admitem considerar esses tristes episódios uma das principais razões que levaram o Estado à adoção da política do não contato. Estranhamente, não obstante o histórico de violência praticada pelos grupos indígenas em defesa de seus territórios — não poupando a vida dos forasteiros —, a narrativa sobre a criação e a oficialização da política do não contato parece resultar simplesmente de um processo reflexivo idealizado por profissionais "humanistas".

Ora, é evidente que nós, indigenistas, estamos realmente preocupados, por um lado, com as mortes indígenas decorrentes de nosso ofício; por outro, no entanto, impera também a necessidade de autopreservação, uma vez que a atividade indigenista envolve muitos riscos. Todavia, não seria exagero afirmar que, embora os efeitos da política do não contato pressuponham o contrário, a questão da autopreservação veio sendo tão ou mais determinante que a genuína intenção de preservar a integridade física dos indígenas em isolamento. Não podemos perder de vista o fato de que os grupos isolados, uma vez que se veem ameaçados, assumem instintivamente uma conduta agressiva e recorrem a todos os expedientes — inclusive os mais violentos — para defender seus pares e seu território. As instâncias decisórias da política do não contato, portanto, ao ignorar a agência e a perspectiva indígenas, incorrem, a meu ver, em robustas controvérsias.

Convém ter em mente que, ao longo de mais de 500 anos de nossa história, os exércitos coloniais foram predominantemente responsáveis pela condução das relações diplomáticas com as comunidades nativas, exterminando-as sempre que tiveram a ocasião para tal. A esse respeito, cabe mencionar as Guerras Justas e as medidas punitivas autorizadas pela Coroa portuguesa, no caso do Brasil, ou pelos governadores contra as nações indígenas. A associação direta entre as Forças Armadas e as comunidades indígenas como política de Estado persistiu inclusive após a independência do país. Não é um mero acaso o fato de o sertanista Cândido Mariano da Silva Rondon, um marechal do Exército brasileiro, ter sido o primeiro diretor do SPI.

O distanciamento do Exército brasileiro das ações indigenistas foi um processo longo e gradual — e revelador, aliás, da natureza concreta da política indigenista. Ao longo dos anos em que as expedições de atração e pacificação predominaram, a superioridade numérica e tecnológica das armas de fogo sobre os arcos e flechas em confrontos abertos foi o principal fator que assegurou a continuidade da prática dita civilizatória e, na linguagem popular, de "amansamento". Logo, o respeito à decisão de não contato ou mesmo aos direitos territoriais de povos não contatados jamais teria sido levado em consideração porque a ação indigenista fundou-se na visão de conquista territorial e, portanto, belicista. Não é exagero afirmar que o que estava no horizonte dessas expedições era a rendição dos grupos que seriam contatados. Diversas comunidades foram atacadas de surpresa, não lhes restando outra saída senão renderem-se para preservar, quando muito, a vida de mulheres e crianças. A bibliografia está repleta de exemplos, como é o caso da expedição de atração de um grupo Avá-Canoeiro nas imediações da Ilha do Bananal (TO), conforme transcrito pela antropóloga Patrícia de Mendonça Rodrigues[6], num episódio em que crianças indígenas foram brutalmente alvejadas e mortas.

A participação do Exército brasileiro na ação indigenista oficial foi se amortizando com as quedas de orçamento e a redução gradual tanto da oferta de armas (em especial de rifles "papo-amarelo"[7]) como de contingente humano designado para aquelas ações. Por outro lado, as frentes de colonização da Amazônia promovidas nos anos 1970, com a abertura de estradas, já estavam consolidadas nos anos 1990. A balança passou a pender então para o lado dos indígenas, que seguiram resistindo com suas flechas, lanças e bordunas. Os sertanistas, ao longo de décadas identificados como heróis destemidos, passaram a ter o medo como insumo intrínseco ao trabalho de campo, pois eram obrigados a atuar como pontas de lança de uma política de governo desarticulada, depauperada e desatada de sua origem militarista. Em meio ao imperativo de adentrar as matas e tentar contato forçado com comunidades isoladas no Centro-Oeste e na Floresta Amazônica, muitos deles perderam a vida.

O período que compreende a gradual saída do Exército da política indigenista e a adoção da política de não contato não foi pacífico nem isento de eventos polêmicos. Talvez o caso Waimiri-Atroari (AM) seja o mais emblemático. Durante as décadas de 1970 e 1980, após tentativas frustradas de estabelecer contato forçado com aquele grupo indígena impiedoso contra missionários e sertanistas que avançaram sobre suas terras, o Exército foi convocado

---

6. Patrícia de Mendonça Rodrigues, *Relatório circunstanciado de identificação e delimitação: Terra Indígena Taego-Ãwa*. Brasília: Funai, 2012.

7. É como são conhecidos os fuzis de calibre 44 cujo local de carregamento de munição é de zinco, um metal de cor amarela.

uma vez mais a retomar suas atividades indigenistas. Estava em jogo a ação desenvolvimentista do Estado, que precisava viabilizar a abertura da BR-174 — para conectar Manaus e Boa Vista — e construir a hidrelétrica de Balbina, projetos que favoreciam a atuação de mineradoras e garimpeiros dentro das terras dos Waimiri-Atroari. O Exército brasileiro promoveu bombardeios aéreos e fez demonstrações de seu arsenal bélico para incutir medo nos indígenas, chegando inclusive às vias de fato ao empregar armas químicas contra eles. Assim, os Waimiri-Atroari foram quase completamente dizimados.

Ao longo desses anos atuando como indigenista, identifiquei o mesmo sentimento de medo que acompanhou os sertanistas de gerações anteriores. Também testemunhei esse medo escancarado na face dos meus colegas quando, durante uma expedição em 2021, por descuido nosso, ouvimos as vozes de indígenas isolados. Havíamos nos aproximado demais de seus acampamentos e só nos restou seguir um dos mais eficientes protocolos para tais circunstâncias: sair correndo, com nossas botas e mochilas pesadas, tropeçando uns sobre os outros, certamente seguidos de perto pelos olhares de espanto e pelas gargalhadas dos indígenas. Sob essa perspectiva, a política do não contato também pode ser compreendida como um pedido genuíno de trégua dos brancos, uma espécie de subterfúgio a que recorremos para converter o medo em altruísmo.

Em meados de 2022, coordenei uma expedição para o interior do território dos Juma isolados, onde foi demarcada a Floresta Nacional de Balata-Tufari, no sul do Amazonas. Naquela ocasião, investigávamos um relato de chacina recente contra esse grupo indígena. Integrava a equipe Mandeí Juma[8], com quem tenho realizado diversas expedições nas matas dos rios Purus e Madeira nos últimos anos. Caminhamos por três dias, do rio Itaparanã até o rio Jacaré, numa área bastante conhecida pelas mais bem documentadas chacinas contra grupos isolados Tupi Kagwahiva,

43

---

8. Mandeí Juma descende de sobreviventes de chacinas ocorridas contra grupos indígenas Kagwahiva do sul do Amazonas.

habitantes do médio rio Purus. Ao atingirmos as águas do Jacaré, Mandeí sentou-se calmamente em suas margens e descansou os pés nas areias do rio. Contemplou com olhar melancólico as árvores do entorno e sussurrou saudosa, deixando escapar um leve sorriso: "Muitos e muitos *tapy'nha* (brancos) foram mortos pelos Juma aqui". A fala de Mandeí me faz pensar que, se a política do não contato fosse contada a partir de narrativas indígenas — e não apenas pela perspectiva sertanista dos brancos —, muitas delas definiriam a atual política indigenista como resultado da resistência e da bravura das comunidades indígenas contra o assédio dos brancos.

A ciência mateira

2.

> A árvore é uma forma pela qual o tempo se torna visível.
>
> **FRANCIS HALLÉ**

Filhote de seringueira, 2022.

A ciência mateira é aquela cujo rol de conhecimentos nativos é aprendido a partir do convívio milenar com as florestas. Relacionados, em grande parte, à identificação e interpretação de certa materialidade vegetal associada à interação entre os seres e seu ambiente, esses conhecimentos são utilizados no dia a dia pelas comunidades habitantes das florestas para rastrear caças e caminhos humanos e para identificar tanto os processos de sucessão das matas quanto os de cura e crescimento das espécies vegetais. Esses conhecimentos fundamentam uma compreensão do passado das florestas e permitem predizer seu futuro. Trata-se de um saber construído empiricamente, cuja estrutura conceitual originária tem pontos de dissidência científica e terminológica com outras estruturas importantes das áreas do conhecimento.

Tal saber orienta-se muitas vezes por um paradigma indiciário que segue pistas concretas, embora quase imperceptíveis para a maioria das pessoas. Em suma, é uma ciência que retira sua substância da atenção aos "refugos" da observação e interpreta esses vestígios, evidências, sinais, resíduos de experiências pretéritas, talvez marginais ou triviais, como meio para remontar, de forma conjectural, lapsos de vida e intenções humanas.

Jovem apuí se estabelecendo
na floresta, 2023.

A habilidade de observar e interpretar vestígios nas matas está diretamente relacionada à história de vida e à experiência de cada um. Mateiros e mateiras, reconhecidamente versados nessa ciência e dotados de vivência e imersão na Amazônia, uma vez desenvolvida a capacidade de interpretação de vestígios nesse ambiente, provavelmente não terão a mesma desenvoltura em meio diverso — por exemplo, nas regiões de Caatinga ou nas matas de Cerrado, visto que suas referências serão outras. O tempo de crescimento e apodrecimento das plantas e até mesmo a relação entre as comunidades locais e seu ambiente circundante mudarão significativamente. Portanto, em maior ou menor grau, reconhecer vestígios é uma tarefa estritamente relacionada à capacidade de associar evidências materiais detectadas no ambiente a práticas anteriormente vivenciadas, seja como observador, seja como executor delas.

Isso faz com que o método mateiro, mesmo após uma descrição minuciosa e uma sistematização rigorosa, dependa em grande medida da experiência pretérita humana para que possa concretamente se efetivar. Portanto, o caráter subjetivo, diferentemente do que se aplica a outros campos da ciência, é algo reconhecido e valorizado na ciência mateira: "Quando cientificamente informadas, práticas empiricamente fundamentadas são importantes; e apreender teoria não é inútil, ainda que seja um discurso [por demais] limitado e um instrumento que precise de refinamento"[9], como defende a bióloga e filósofa Donna Haraway, ao discutir a validade metodológica de abordagens investigativas de natureza semelhante à da que proponho aqui.

As matas são ambientes não lineares moldados pelos troncos e galhos das grandes árvores, pela força dos cipós e apuís[10], pelas raízes e pelos balseiros[11]. Um mundo persistente, retorcido, adaptável e intimamente vegetal. Como veremos adiante, a história humana está expressa no corpo das árvores, e o olhar mateiro, que também é talhado pelo tempo das florestas, é capaz de sentir e ler essa história que é constantemente escrita sobre talos, folhas e linhas tortuosas.

49

---

9. Donna Haraway, *O manifesto das espécies companheiras*: cachorros, pessoas e alteridade significativa, Rio de Janeiro: Bazar do Tempo, 2021, p. 57.

10. Também conhecido como gameleira, apuizeiro ou figueira-brava, o apuí é uma árvore da família das moráceas cujo nome científico é *Ficus insipida*. Apuí é um vocábulo de origem tupi que, segundo algumas traduções, significa "braço forte". Seu nome é bastante sugestivo, já que essa espécie se desenvolve através da incorporação e do sufocamento de outra espécie arbórea, na qual pássaros depositaram sementes do apuizeiro por meio de suas fezes.

11. É como regionalmente os mateiros se referem a árvores caídas e a seu ambiente característico de apodrecimento e sucessão de outras espécies. São também balseiros um ou mais troncos acumulados no leito dos igarapés.

José Lopes dos Sales Apurinã

50 Uma vez alguém me disse que esse trabalho que a gente faz é para peão. Peão *mermo*! Gente bruta da mata. Pode até ser. Mas sei que me orgulho muito de ser mateiro e de usar o que sei para proteger outros parentes que estão isolados. Espero que este livro faça outros mateiros se orgulharem do seu ofício. Sou o indígena mateiro que está na foto da capa deste livro. Quero que minhas filhas sintam orgulho de mim. Agora elas poderão entender mais sobre nosso trabalho nas matas. Conhecer nossa ciência. Saber um pouco do que eu sei.

51

Um olhar mateiro aos vestígios da floresta

O processo investigativo, cuja finalidade é confirmar a localização de determinado grupo indígena isolado para, posteriormente, articular a proteção de seu território, constitui um tema complexo e dialoga com diversas áreas do conhecimento, tais como a etnologia, a arqueologia, a botânica, a ecologia, entre outras ciências. O método de obtenção de dados de campo nesse contexto "indigenista expedicionário" se dá por meio, precipuamente, de expedições de localização e monitoramento de vestígios que fornecem pistas para orientar e conduzir nossas estratégias de ação. Tais vestígios podem ser compreendidos como elementos materializados, observáveis e derivados da ação de povos indígenas isolados que atestam, direta ou indiretamente, sua existência em determinado território. Esses elementos são cruciais para constituir o alicerce da política indigenista do não contato, pois, por meio de sua análise, é possível revelar o âmbito etnográfico a que pertence certo grupo indígena; em muitos casos, estimar dados demográficos e a antiguidade do evento que os originou; e, ainda, reconhecer padrões de mobilidade e itinerância e técnicas de caça e de manejo das plantas.

Devido à inerente característica de conservar traços culturais de quem os produziu, os vestígios decorrentes da movimentação de grupos indígenas em situação de isolamento são protagonistas do método investigativo próprio à política do não contato adotada pela Funai. Como explicam os ecólogos Carolina Levis e Charles Clement, muitos povos indígenas, do passado e do presente,

> [...] exploram lacunas temporárias, dispersam árvores frutíferas e palmeiras, e movem seus acampamentos regularmente, concentrando recursos em locais preferidos em grandes áreas de paisagens florestais. Ao longo de milhares de anos, os resultados são dramáticos, mas as florestas parecem maduras, intocadas, prístinas para o olho inexperiente[12].

---

12. Carolina Levis *et al.*, Historical Human Footprint on Modern Tree Species Composition in the Purus-Madeira Interfluve, Central Amazonia. *Plos One*, v. 7, n. 11, p. 8, nov. 2012 (tradução nossa).

Wixikiawa (*in memoriam*) produzindo uma kaximiani dukuni, cerâmica própria para a produção do veneno de caça suruwaha, 2018.

Se, durante décadas, o olhar de técnicos indigenistas se lançou sobre povos indígenas isolados e nos ofereceu uma importante base de informações a respeito, não se pode ignorar que muito disso se estruturou a partir do que os próprios indígenas e mateiros revelaram — e seguem revelando —, ainda que de maneira empírica, a partir de seu olhar nativo sobre os vestígios da floresta.

O método investigativo de campo implementado pela Funai deriva, portanto, de uma tradição indigenista consolidada por mateiros, os quais, em sua maioria, são pessoas cuja origem é indissociável das paisagens que ocupam e das florestas. Essas equipes são formadas sobretudo por indígenas, camponeses, ribeirinhos e extrativistas que passaram a utilizar seus conhecimentos a fim de qualificar as ações de localização e monitoramento do órgão oficial indigenista. A essa tradição corresponde o perfil de grande parte dos profissionais mais qualificados que ainda atuam nas Frentes de Proteção Etnoambiental da Funai.

Mandeí Juma

Meu pai, Aruká Juma, foi o maior conhecedor das matas que já conheci. Tenho certeza [de] que foi o maior que já existiu. Sinto muito a falta dele. Muita saudade mesmo. Ele sempre está comigo nas caminhadas, nas expedições, nos meus pensamentos. Aprendi muito com ele. Acho que se orgulharia de mim por eu ter me tornado uma expedicionária que atua na proteção de povos indígenas isolados. Ele me contou sobre as chacinas contra o nosso povo. Sobre como os brancos eram violentos e sobre como conseguimos resistir. Penso que se a Funai, naquele tempo, tivesse mais pessoas fazendo esse nosso trabalho, talvez os Juma não fossem tão poucos hoje. Sinto raiva quando penso sobre isso. Mas sei que há outros povos que precisam do nosso apoio.

Me sinto bem quando estou na mata. Gosto de quebrar castanha, pescar, caçar. É muito bom também estar com meus parceiros em campo durante as expedições. O que fazemos não é tão complicado, como tanta gente pensa. A floresta é para quem gosta de estar nela. Espero que este livro incentive outras *cunhã* [mulheres] a se tornarem mateiras também. Conhecer as matas e serem expedicionárias, se for o que desejarem ser. E não permitam que nenhum homem, *kawahiva* [indígena, gente de verdade] ou *tapy'unha* [não indígena], as impeça de seguir esse caminho.

O perigo de uma história única

A Floresta Amazônica é o pano de fundo perfeito para que aventureiros possam viver e registrar suas histórias fantásticas — em sua maioria mais imprudentes e amadoras do que realmente extraordinárias, diga-se de passagem. A presença de "feras" e o perigo das matas fazem com que os contos sertanistas assumam contornos fascinantes. O encontro inesperado com grupos de caçadores ou guerreiros armados tornou-se inclusive um clichê cinematográfico. Sabemos, todavia, que o cotidiano da floresta é um pouco menos teatral e um tanto mais previsível. A julgar pelos vestígios deixados pelos povos indígenas isolados, chega-se facilmente à conclusão de que foram produzidos por homens e mulheres de várias idades, incluindo bebês, pessoas idosas e mulheres gestantes (sim, os vestígios podem revelar até mesmo isso). Embora seja óbvio, é preciso deixar claro que centenas de meninas e mulheres indígenas de todas as idades vivem na Floresta Amazônica, por mais que isso ainda possa parecer estranho a muitos de nós.

Em contrapartida, as ações de campo levadas a cabo pelo órgão indigenista estatal brasileiro em meio à Floresta Amazônica ainda são desempenhadas quase que exclusivamente por homens[13]. Logo, não é difícil compreender as razões pelas quais nós, homens, nos enxergamos como os protagonistas dessa política de Estado.

Em artigo publicado em 2017, a indigenista Carolina Santana assevera:

> Em todos os livros que li sobre (e de) indigenistas, os relatos sobre as mulheres, quando não [as mantêm] invisíveis, relegam-nas a um segundo plano, como coadjuvantes, esposas e ajudantes. Isso se deve, em muito, pelo fato de que elas próprias, as indigenistas, pouco escreveram sobre si[14].

---

13. As indígenas Mandeí Juma e Rita Piripkura têm participado ativamente das expedições de monitoramento e localização de povos indígenas isolados no sul do Amazonas, em Rondônia e no noroeste do Mato Grosso. Juntos, esses estados constituem uma das três regiões com a maior concentração de povos isolados do mundo. A atuação dessas mulheres tem sido primordial na busca por justiça e proteção de pequenos grupos Tupi Kagwahiva isolados nesse imenso território, a exemplo dos Katawixi, dos Piripkura e dos Juma, todos sobreviventes dos massacres de grupos aos quais Mandeí e Rita pertencem.

14. Carolina Santana, A invisibilidade das mulheres indigenistas: entrevista com Ananda Conde (*on-line*), *Observatório dos direitos humanos dos povos indígenas isolados e de recente contato*, 8 jul. 2017.

Sobre esse tema, "a historiadora Michelle Perrot, especialista em história das mulheres, chama a atenção para o fato de que as mulheres deixam poucos vestígios diretos, escritos ou materiais"[15]. Quando produzem algo, elas mesmas o destroem, apagam-no por julgá-lo desinteressante. "Afinal", como diz a historiadora, "elas são apenas mulheres, cuja vida não conta muito. Existe até um pudor feminino que se estende à memória. Uma desvalorização das mulheres por si mesmas"[16].

Para além do debate sobre as questões de gênero e de equidade no ambiente público de trabalho, a não participação de mulheres indígenas e mateiras nas ações de campo desempenhadas pelas Frentes de Proteção Etnoambiental pode gerar vícios metodológicos graves. Permitir que as expedições da Funai sejam compostas unicamente por homens é consentir com a perpetuação de uma política pública indigenista apartada de qualquer ideal igualitário.

"A floresta não é lugar para uma mulher!", "e na hora de parar para acampar e tomar banho no igarapé?", "elas têm grande importância nas atividades indigenistas burocráticas, mas não podem querer participar de uma expedição": no ambiente indigenista das expedições de campo, majoritariamente composto de homens, frases como essas são comuns e, por vezes, proferidas por pessoas sem nenhuma familiaridade com as florestas. São ideias que transpiram uma masculinidade autoafirmada, na crença de que as "proezas do indigenista expedicionário" assemelham-se às dos sertanistas que desbravaram nossas florestas nos primeiros séculos do Brasil colonial ou, alternativamente, ao estereótipo dos protagonistas de filmes de ação hollywoodianos ambientados na selva, como *Rambo*, *Braddock*, *Indiana Jones*, entre outros.

Historicamente, as expedições são formadas quase exclusivamente por homens com perfis técnicos distintos,

---

15. *Ibidem.*

16. Michelle Perrot, *Minha história das mulheres*, São Paulo: Contexto, 2008, p. 17, *apud* Carolina Santana, 2017, *op. cit.*

mas, não raro, com experiências sociais semelhantes — o que naturalmente limita o olhar e a interpretação de vestígios, tal como sugere a metodologia mateira narrada até aqui. Expedições com equipes de configuração tão homogênea recolherão um escopo limitado dos fatos, vulneráveis ao "perigo de uma história única", expressão da escritora nigeriana Chimamanda Ngozi Adichie[17].

Como bem esclarece Nurit Bensusan:

> Quando as mulheres começaram a fazer ciência de forma sistemática e entraram, oficialmente, nas instituições de pesquisa, pelo menos duas coisas aconteceram: novas perguntas sobre questões antigas de pesquisa foram feitas e novos temas de pesquisa surgiram. Isso acontece porque as mulheres têm anseios distintos dos homens e, possivelmente, veem o mundo de forma diversa[18].

É dessa diversidade de olhares e perspectivas que o método mateiro se nutre. A análise e a interpretação de um vestígio, e mesmo a própria capacidade de identificá-lo, estão estritamente relacionadas ao conhecimento prévio e à experiência dos membros das equipes expedicionárias. Visto que os dados serão utilizados pelo Estado, podemos assumir que, historicamente, a política indigenista brasileira carece de um perfil plural, o que vem resultando em políticas também míopes e enviesadas. O próprio fato de as equipes envolvidas no trabalho descrito nestas linhas serem constituídas unicamente por homens que se deslocam pelas florestas com coturnos robustos e roupas camufladas, munidos de equipamentos pesados, já transmite uma intencionalidade bélica evidente. Esse *modus actuandi* desperta em muitos povos a lembrança de massacres e chacinas, conflitos com grupos de jagunços e assassinos profissionais, ou mesmo batalhas contra grupos uniformizados ostentando símbolos oficiais. Mais uma vez, a pesquisadora Carolina Santana afirma:

---

17. Cf. Chimamanda Ngozi Adichie, *O perigo de uma história única*, São Paulo: Companhia das Letras, 2019.

18. Nurit Bensusan, *Do que é feito o encontro*, Brasília: Mil Folhas/IEB, 2019, p. 24-25.

> [...] Não há nada de natural no fato de que os homens sejam pontuados como protagonistas dos fatos.
>
> No mundo do indigenismo não é diferente. Nem mesmo no mundo indígena, mas essa reflexão deixo às mulheres indígenas, que magistralmente falam por si. Sobre aquele, porém, sendo meu lugar de fala, enquanto mulher e enquanto indigenista, sinto que me cabe quebrar o silêncio das fontes e encontrar as mulheres que, por diversas razões, ficaram relegadas às reticências e à imensidão do não dito[19].

As minorias políticas como um todo estão tomando de volta seus lugares roubados. Mulheres têm ocupado espaços sociais dos quais foram — e ainda são — privadas. Resta-nos saber o que pretendemos nesse novo contexto: seguir atados aos velhos paradigmas e persistir no caminho da misoginia ou renovar, incluir e reconhecer a pluralidade de nossas ações indigenistas. Houve muitas sertanistas mulheres importantes, e, obviamente, conviver com os perigos da floresta não foi seu maior desafio.

19. Carolina Santana, 2017, *op. cit.*

CAMINHADAS INVISÍVEIS

As traduções ocupam lugares, não raro, bastante ingratos: acusadas de traiçoeiras, enviesadas, incompletas, serão sempre parte de contextos e escolhas de seus agentes decodificadores. O papel antropológico dessa negociação de significados entre mundos é realizado, no trabalho das Frentes de Proteção Etnoambiental — caso de que trato —, sobretudo por profissionais mateiros, sejam eles indígenas ou não. Para a interpretação dos vestígios dos povos que se mantêm em isolamento, a presença dos indígenas designados pelo Estado como "de recente contato" vem ocupando papel fundamental.

Purá Kanoê estabeleceu contato com a Funai em 1995, sendo um dos últimos sobreviventes do genocídio ocorrido em 1984, perto da margem direita do rio Omerê, afluente do rio Corumbiara, episódio esse fruto do acelerado processo de ocupação do território de Rondônia[20]. Em dezembro de 2022, participamos juntos de uma incursão encabeçada pela Frente de Proteção Etnoambiental Guaporé na TI Massaco, no estado de Rondônia. Purá não se sente confortável para falar sobre o que não viu, tampouco para expressar opiniões quando não está certo delas. "Não sei, não sabe" é uma de suas falas mais recorrentes na língua portuguesa, que segue se esforçando para dominar. Em meio à expedição, ao avistarmos pegadas dos indígenas em isolamento em uma de suas trilhas repetidamente percorridas, apontou para uma marca de pés pequenos, infantis, e afirmou se tratar de um vestígio de

59

20. *Corumbiara*, direção: Vincent Carelli, produção: Vídeo nas Aldeias, Brasil: 2009, 117 min.; e Luciana K. Tavares, *Vivendo no "vazio"*: relações entre os sobreviventes Kanoê e Akuntsú da TI Rio Omerê (RO). Dissertação (mestrado em Antropologia) — Universidade de Brasília, Brasília/DF, 2020.

criança do sexo feminino. Havia outros indígenas compondo a equipe: juntos, os Tupari, os Djeoromitxí e os Kanoê formavam maioria, em contraposição a três não indígenas do grupo de oito pessoas. O gênero da pegada, contudo, era afirmado categoricamente apenas por Purá. Ali, a certeza sobre a marca dos pés escorregada na terra intrigava a todos. Que ferramentas de apreensão possuíam os olhos de Purá e faltavam aos nossos?

As experiências e percepções de múltiplos olhares, de diferentes povos, vêm contribuindo há décadas com o trabalho dos indigenistas da Funai. Mais recentemente, as diferenças etárias e de gênero passaram a ser abertamente reclamadas para a composição dessas equipes, propiciando uma percepção mais diversa dos contextos encontrados. Carolina Santana, indigenista e advogada, em seu projeto Feito Lua Nova[21],

---

21. Cf. www.feitoluanova.com.br; e Carolina Santana, 2017, *op. cit.*

apresenta a importância histórica do trabalho de mulheres indigenistas, ao mesmo tempo que ressalta o apagamento dessas trajetórias sempre invisibilizadas. A indigenista Ivaneide Bandeira Cardozo, mais conhecida como Neidinha Suruí, também relata as dificuldades que sofreu para a realização de seu trabalho nas expedições de reconhecimento de povos isolados em Rondônia, devido aos estigmas carregados por um corpo feminino. Em suas reivindicações, aponta a diversidade etária e de gênero presente nas próprias comunidades em isolamento, e daí a relevância de equipes compostas de forma semelhante, pensando na maneira como seriam compreendidas pelas comunidades indígenas monitoradas, caso fossem avistadas. Equipes compostas exclusivamente de homens poderiam ser interpretadas como algo ameaçador, como uma incursão de guerra.

As narrativas tradutórias dos vestígios de comunidades indígenas que se recusam a manter contato com a sociedade envolvente vêm seguindo o mesmo percurso que os relatos históricos tradicionalmente seguiram. Os registros, assinados majoritariamente por homens, deixam saber o que viram e fizeram, ou pensam que viram e fizeram, tais relatores. Na região de Rondônia não é diferente: do sertanista que lhe

emprestou o nome, o marechal Cândido Mariano da Silva Rondon (com expedições de 1907 a 1915), ao etnólogo alemão que atualmente ocupa o lugar de grande fonte inexplorada de registros, Emil Heinrich Snethlage (com expedições de 1933 a 1935), são masculinas as vozes que se proliferam e preservam as memórias de tantos povos. Assim, trago aqui a voz da viajante Martha Emma Seedorf de Courteville, que nos deixou registros de quando navegou da Argentina ao rio Amazonas, em 1929, relatando suas impressões sobre as populações que habitavam as margens do rio Guaporé.

Dissimulando seu gênero e sua identidade com o uso do nome de seu esposo[22], "madame Roger de Courteville" reúne fotos valiosas e relatos dos mais diversos aspectos. Trata da fauna, da vegetação, do garimpo, da ocupação colonial histórica e contemporânea e dos povos indígenas. Passando ao norte da área então pelo Mapa Étnico de Curt Nimuendajú (1944) como sendo de ocupação do povo Palmella, e onde hoje se encontra a TI Massaco e a Reserva Biológica do Guaporé, madame Courteville nos brinda com descrições e fotografias desse povo, hoje considerado extinto. Já naquela época, relatava os impactos da colonização, sentidos de perto por Purá Kanoê e tantos outros:

Página ao lado: A etnóloga Amanda Villa e o indígena mateiro Purá Kanoê em expedição na TI Massaco, 2022.

22. Cf. Kathryn N. Jones, "Les Voyageuses de lettres": Mapping Women's Travel Literature in French in the 1930s (*paper*). *Conferência Anual de Estudos Franceses*, Exeter University, Bristol, Inglaterra, jul. 2012.

[...] Os Palmella, por gosto, seriam agricultores. Uma *terrível* epidemia de varíola, que os dizimou no passado, regrediu alguns deles à condição de nômades. O meu bando era um deles.

Eram chefiados por uma mulher branca de olhos azuis, conhecida apenas por *"señora"*, madame! Fazia justiça e dividia os troféus de caça e pesca em três partes, uma para as crianças, uma para os inválidos e outra para si. Liderava expedições como amazona vitoriosa no reino das amazonas[23].

Madame Courteville descreve os Palmella como uma curiosa etnia que, apesar de sua nudez, apresenta grande semelhança com os caucasianos. A mulher que liderava o grupo com o qual se encontrou, a *señora*, tinha acabado de confrontar os Cabixi (Cubixys) e levou seus acompanhantes para atravessar o que Courteville chamou de "seu feudo".

Os relatos e os feitos das mulheres, assim como seus pés ao caminharem na terra úmida, deixam marcas que os olhares masculinos costumam convenientemente não enxergar. Indigenistas, viajantes e lideranças indígenas femininas ainda hoje são ovacionadas ao alcançarem posições de destaque, por representarem uma minoria, pelas dificuldades adicionais que enfrentam. Ao negociar nossos decodificadores de mundos, de vestígios deixados na paisagem e na história, olhar para o que as mulheres podem dizer abre caminhos de compreensão menos frequentemente percorridos.

Para que minha presença fosse possível nas expedições que realizei com a Funai, os homens que as organizavam pensaram ser necessária a presença de outra mulher, que me acompanhasse em "questões femininas", como na hora do banho. Com isso, tive a felicidade de conhecer Salineide Taero Tupari e compartilhar com ela todas as glórias e angústias que nosso gênero carregava naquelas situações. Buscamos, juntas, ultrapassar os limites que os olhos masculinos depositavam sobre nós. Em meio a esse desafio, os olhos masculinos de Purá nos recordaram do valor das diferenças sutis que carregam as mulheres, tão sutis que sequer podíamos notar. Para Purá, assim como para os Palmella, a identificação do gênero parecia estar presente sem um julgamento de suas capacidades, mas como uma informação que, naquele momento, ele não alcançou formular de onde vinha.

---

23. Madame R. Courteville, *De l'Argentine a l'Amazone par la fôret vierge*, Paris: Fasquelle Éditeurs, 1931 (tradução da autora).

Uma arqueologia das matas
e das plantas

Por meio das expedições executadas e aprimoradas ao longo das últimas décadas — sobretudo a partir da definição da política do não contato —, gerou-se um arcabouço de conhecimentos extremamente elaborados acerca das matas, de seus vestígios e da interação entre os indígenas e seu território. Apesar da grande correspondência com outros ramos do conhecimento, estamos diante de um método próprio que assimila de maneira muito peculiar os elementos da botânica e da arqueologia, a fim de descrever a dinâmica territorial de povos desconhecidos sem que seja necessário estabelecer contato com eles, isto é, de maneira totalmente indireta.

O aspecto metodológico de investigação das matas para o reconhecimento e a análise dos vestígios dos povos indígenas isolados é análogo ao método de pesquisa arqueológico, uma vez que ambos buscam compreender elementos da cultura material de agrupamentos humanos por meio de seus vestígios materiais, em geral afetados pela passagem do tempo. Muitos aspectos aproximam os trabalhos arqueológico e indigenista. Contudo, convém destacar aqui sua característica compartilhada de maior importância: a observação de um fenômeno transcorrido no passado cujo efeito se desdobra no presente. A diferença fundamental entre as duas metodologias é que parte da arqueologia produzida na região amazônica objetiva estudar a história indígena a partir de uma perspectiva de longa duração, remetendo ao início do Período Holocênico, que, na escala de tempo geológico, iniciou-se há cerca de 11 mil anos e se estende até os dias atuais, envolvendo ainda os vestígios pretéritos que, segundo tal perspectiva, não podem ser associados diretamente a povos do presente. Já o método de investigação mateiro-indigenista busca compreender povos contemporâneos, indígenas que, em algum momento, decidiram prescindir do contato com a nossa sociedade.

Os vestígios observados em campo durante as expedições de localização e monitoramento dos povos isolados dizem respeito, portanto, a uma espécie de arqueologia do

Cerâmica hi-merimã, 2021.

64

tempo presente, embora algumas técnicas se assemelhem às empregadas pelas arqueologias de um tempo remoto.

As analogias entre os dois métodos investigativos se concentram principalmente na arqueobotânica e na etnoarqueologia, campos da arqueologia. Em relação à etnoarqueologia, existe correspondência, por exemplo, entre elementos da metodologia investigativa indigenista e a "teoria do médio alcance", método sintetizado pela arqueologia clássica e descrito inicialmente em 1978 por Lewis Binford. Esse método se consolidou a partir de estudos arqueológicos junto a povos indígenas contemporâneos, estudos esses relacionados ao uso de utensílios e de tecnologias de aquisição, ao processamento e descarte de alimentos e de demais artefatos e às técnicas de manejo ambiental. Os dados coletados nessas pesquisas auxiliaram a arqueologia a identificar marcas do passado mediante sua correspondência com as técnicas utilizadas entre povos contemporâneos.

De certo modo, o indigenismo mateiro tem feito o mesmo no decorrer dos anos. A longa convivência de seus técnicos com as matas e seus povos e a incorporação de indígenas aos quadros da Funai permitiram estabelecer correspondências entre os vestígios analisados em campo e a própria cultura material e os hábitos dos mateiros indigenistas.

É fundamental, por exemplo, a presença de indígenas Awá-Guajá na composição das equipes de expedição da TI Araribóia, no Maranhão, onde vivem Awá-Guajá isolados, ou de indígenas Jamamadi e Banawá durante as expedições ao território dos Hi-Merimã, no sul do Amazonas. Nessas ocasiões, os indígenas são levados a interagir e interpretar os vestígios dos próprios parentes.

> "Também fazemos essas cacimbas[24] no tempo seco para atrair e caçar juritis", dizem os Awá-Guajá.

> "Eles utilizaram essa planta para matar *aba* [peixe] no igarapé. Fazemos igual", dizem os Jamamadi.

Mais aproximações entre o método mateiro e a arqueologia são observadas ao lidarmos com a arqueobotânica. O objeto de estudo das arqueologias que trabalham com vestígios botânicos compreende, em geral, restos carbonizados, dissecados e/ou mineralizados de plantas, e esses vestígios são constituídos, na maioria dos casos, de partes de plantas (sementes, fibras, fragmentos de madeira ou partes microscópicas, como grãos de amido, fitólitos e pólen). Mesmo com o potencial de aplicação dessas metodologias no estudo de povos indígenas isolados, é no corpo das próprias árvores e plantas que estão os vestígios de maior interesse para o método do não contato. Trata-se de uma arqueobotânica inclinada a entender os processos de cura, morte e crescimento dos vegetais, de um método que reúne e harmoniza princípios daquilo que poderíamos compreender como uma tafonomia[25] das árvores vivas ou uma dendrocronologia[26] mateira.

Como bem explica o botânico italiano Stefano Mancuso, não é novidade que

---

24. As cacimbas são covas ou buracos abertos em terreno úmido ou pantanoso, de modo a recolher a água que se acumula no solo. Nos territórios dos Awá-Guajá isolados no Maranhão, as cacimbas foram determinantes para que fossem instituídas ali metodologias de monitoramento e proteção desse povo.

25. Ramo da arqueologia que estuda os processos de decomposição dos seres vivos.

26. Ramo da botânica (e da engenharia florestal) dedicado aos métodos de datação das espécies arbóreas.

nas árvores ocorre o chamado crescimento secundário do caule em virtude do qual a planta anualmente produz um novo anel que aumenta a circunferência do tronco. O que talvez nem todos saibam é que, estudando a largura desses anéis, é possível saber a tendência do clima das estações passadas[27].

Conceber as árvores como cápsulas do tempo, e perceber as diversas implicações desse fenômeno para a arqueobotânica, a paleobotânica e até mesmo para a astronomia[28], não é algo inédito; o que propomos, no entanto, é um olhar para os vestígios produzidos diretamente pelos seres humanos e que, assim como os ciclos solares, também são fixados e protegidos pelos tecidos vegetais. Tais elementos variam de acordo com a região e com o território indígena observado, podendo ser detectados em cortes de árvores para a extração de mel ou na quebrada de galhos para a demarcação de trilhas, por exemplo.

27. Stefano Mancuso, *A planta do mundo*, São Paulo: Ubu, 2021, p. 103.

28. Constante e responsável pelo surgimento das manchas na superfície do Sol, a atividade magnética solar influencia os processos fotossintéticos das plantas, que podem ser observados ao longo do perfil dos anéis de crescimento das velhas árvores.

Anéis de crescimento de uma árvore amazônica, 2023.

Acima: Pão de índio do território jacareúba/katawixi, 2017. Os pães de índio correspondem a uma técnica especial de conservação de alimentos, que envolve a manufatura, o processamento e o armazenamento de biomassas. São feitos de um combinado de massas vegetais, por meio de diferentes tecnologias, e posteriormente enterrados. Confundidos com fungos, tubérculos ou torrões de barro, esses pães já foram observados por arqueólogos em diferentes sítios e regiões dos estados amazônicos. Não obstante, apenas recentemente passaram a receber uma atenção especial de pesquisadores e indigenistas[29].

À direita: Análise de marcas de cortes no território katawixi, 2016.

Como veremos, os elementos observados pelos indigenistas, ao focarem em recortes cronológicos de curta duração, ampliam o escopo dos vestígios antrópicos estudados pela arqueobotânica clássica, uma vez que permitem visualizar feições vegetais que seriam apagadas pelo tempo em estudos comparativos diacrônicos de longa duração.

29. Resultados preliminares de uma pesquisa desenvolvida pela arqueóloga Laura Furquim apontam que alguns dos pães de índio encontrados, e ainda viáveis para o consumo humano, podem ter até 200 anos. Há povos indígenas isolados da Amazônia que ainda produzem esses pães e os armazenam em seus territórios.

Artefatos, 6iofatos e ecofatos

Inspirados pelo processo dinâmico de formação do registro arqueológico voltado à construção de uma metodologia compartilhada cujo ponto de partida é a experiência mateira indigenista, dividimos os vestígios nesse contexto investigativo em duas categorias principais: primários e secundários.

Em nosso ofício, os varadouros — caminhos —, as quebradas, os paus de mel, as tiradas de envira, as derrubadas e os nichos enriquecidos por espécies de interesse, entre outros vestígios produzidos no ambiente, podem ser compreendidos como vestígios primários, ou seja, aqueles que refletem a ação dos povos indígenas sobre os elementos da floresta em seu território. Em geral, esses vestígios encontram-se em dinamismo e transformação, revestidos de grande vitalidade. As matas antrópicas (indígenas) e os vestígios impressos em algumas árvores e plantas podem ser compreendidos como parte desse conjunto. Rastros, trilhas e pegadas nas praias de rios também são vestígios primários importantes, embora sejam mais efêmeros e possam ser considerados uma exceção entre os manifestos no ambiente vegetal.

Por outro lado, os artefatos cerâmicos, as ferramentas, os acampamentos abandonados, as oficinas líticas[30], as cacimbas, os locais de caça e pesca, entre outros elementos da cultura material desses povos, constituem vestígios secundários, ou seja, evidências da ação antrópica observadas geralmente em uma fase posterior ao longo do processo investigativo em campo.

É importante salientar que é a partir da administração dos elementos da floresta que esses povos criam caminhos, produzem o fogo, extraem matéria-prima para a confecção de grande parte dos itens de sua cultura material, obtêm venenos de caça e pesca, constroem seus acampamentos

---

30. A arqueologia define as oficinas líticas como locais onde as populações pré-coloniais fabricavam artefatos de pedra (líticos) por meio de procedimentos diversos. Já grupos indígenas atuais têm seus próprios espaços de produção, polimento e amolação de ferramentas líticas, as quais, em alguns casos, apresentam usos refinados. Os Z'oé, povo indígena habitante da calha norte do rio Amazonas, no estado do Pará, consideram os machados de pedra os mais adequados para a extração de grandes seções de enviras de castanheiras (*Bertholletia excelsa*), com as quais produzem suas redes (maqueiras) e esteiras.

Exemplo de vestígio primário: caripé manejado pelos Hi-Merimã, 2023. A cinza da casca dessa árvore é um tempero importante para a argila usada na fabricação de cerâmicas.

e coletam seus alimentos. Assim, vestígios primários são muito mais abundantes e, sobretudo, caracterizados por sua ampla distribuição no território utilizado. Vestígios secundários, como acampamentos e demais elementos da cultura material, são acessados após o reconhecimento dos vestígios primários. É preciso primeiro reconhecer os caminhos, de modo a saber para onde eles podem nos levar. Essa é a premissa essencial dos mateiros indigenistas.

Analogamente ao método de pesquisa arqueológico, os vestígios secundários correspondem aos artefatos, objetos produzidos pelos seres humanos, e os vestígios primários estão diretamente associados aos conceitos de biofato e ecofato, isto é, vestígios do ambiente associados à ação humana. O registro da cultura material apresenta grande relevância no resgate patrimonial e na memória de resistência desses povos; todavia, são os vestígios nas árvores e nas plantas que dão respostas acerca da dimensão do território realmente ocupado pelos isolados. São, em suma, os elementos essenciais para se articular as ações de demarcação e de proteção das terras indígenas.

São muitos os vestígios e elementos sensoriais utilizados pelos mateiros e indígenas para rastrear pistas na mata, o que pode ocorrer durante uma caçada ou uma investigação sobre a presença de outros povos da floresta. O que entra em jogo é a atenção voltada aos sons, aos cheiros e aos sinais de fumaça. Durante as expedições, há ocasiões em que é possível reconhecer até mesmo a presença de suor nas folhas utilizadas como assento. Todos esses sinais são relevantes. Porém, a análise dos abundantes elementos materializados no ambiente vegetal pode recontar uma história mais profunda e antiga sobre os povos indígenas isolados da Amazônia.

Assim, passo a compilar dados obtidos de pesquisa bibliográfica/documental somados a registros de relatos de pessoas indígenas ou não, vizinhas ou moradoras de territórios ocupados por povos isolados. Também são acionados dados obtidos de sensoriamento, sobrevoos e análises fitofisionômicas das florestas dos estados do Maranhão, Tocantins, Rondônia e Amazonas, que vêm sendo percorridas por mim há mais de uma década. Uma única árvore pode servir de suporte à ação humana e carregar no corpo marcas dessa interação, as quais nos guiam para a compreensão de um modo de vida.

Exemplo de vestígio secundário: cerâmica hi-merimã produzida de argila temperada com cinzas da casca do caripé, 2016.

ARQUEOLOGIA DO FUTURO

Países são construções históricas. Em alguns casos, construções tênues, congregados de povos que falam línguas distintas e professam credos diferentes — às vezes, de povos até inimigos. Em outros casos, as fronteiras entre eles são linhas retas traçadas em salões situados a milhares de quilômetros de distância. Há países que se formam e se desmancham, que se engolem e se destroem, que se expandem e desaparecem, que mudam de nome. Ao Brasil, coube como país deter um imenso território de floresta tropical, a Amazônia, resultado de um processo que combina violência e astúcia diplomática. O fato é que, pela importância que a floresta tem no cenário global — como reservatório de diversidade ambiental e agente fundamental na regulação do clima —, a proteção da Amazônia e dos seres que a habitam é um imperativo dos países que a detém.

Ocorre que, curiosamente ou não, com exceção das Guianas, nenhum país com território amazônico tem a capital nas suas Amazônias: Brasília, La Paz, Lima, Quito, Bogotá e Caracas estão localizadas junto ao mar, no alto da Cordilheira dos Andes ou em outros biomas. Mais do que uma coincidência geográfica, tais configurações demonstram algo que os países amazônicos têm em comum: a relação que estabelecem com a floresta e seus povos é de colonialismo interno. Nessa lógica, as Amazônias existem para produzir algo para fora, e assim tem sido desde antes do início da colonização europeia: na época dos Incas, eram as plumas; depois, as drogas do sertão, cacau, borracha, ouro, madeira, petróleo e energia elétrica, para citar alguns exemplos. Parte dessa visão colonialista resulta da ideia equivocada de que a Amazônia é uma região inóspita, que, por causa de limitações ambientais, nunca foi densamente ocupada.

Nos últimos anos, a arqueologia destruiu essa hipótese, ao demonstrar que a região tem sido ocupada há mais de 12 mil anos e foi palco de importantes inovações tecnológicas no quadro de todo o continente americano, tais como o início do cultivo de plantas e a produção inicial e independente de cerâmica. No começo do século XVI, a população indígena da Grande Amazônia[31] girava em torno de 8 a 10 milhões de pessoas, segundo alguns cálculos. Tais povos foram dizimados no princípio do período colonial devido à guerra, à escravidão e à propagação de doenças contra as quais não tinham imunidade.

Com tanta gente e com uma história tão antiga, é de se esperar que os povos indígenas que ocupam a Amazônia há milênios tenham tido um papel importante em transformar as florestas e os outros hábitats onde viveram e ainda vivem. Um corolário da ideia de que a região nunca foi densamente habitada é a hipótese de que os ambientes amazônicos seriam prístinos, exemplos típicos de lugares intocados pela ação humana. Mais uma vez, essa hipótese não se sustenta frente às evidências arqueológicas.

Por muito tempo, por exemplo, acreditou-se que a pobreza dos solos amazônicos, que são de fato pouco férteis, colocaria um limite ao crescimento demográfico na região, como resultado dos problemas que isso supostamente imporia ao desenvolvimento de práticas de cultivo permanentes. Como contraste, estudos realizados nos últimos trinta anos, em diferentes partes da Amazônia, mostram evidências ubíquas de solos escuros, muito férteis e estáveis — isto é, capazes de manter por muitos anos a sua fertilidade —, associados a abundantes fragmentos de cerâmicas decoradas. Tais solos, chamados localmente de "terras pretas", são conhecidos pela ciência desde o século XIX, mas só a partir da década de 1990 é que se atestou a autoria dos povos indígenas em sua formação. Os dados disponíveis nos mostram que as terras pretas mais antigas têm cerca de 5,5 mil anos e se formaram na bacia do rio Madeira, no estado de Rondônia. Mas foi só há 2,5 mil anos que o processo de produção desses solos se disseminou por diferentes partes da Grande Amazônia, chegando a cobrir uma área de cerca de 2% dessa imensa região.

O estudo das terras pretas é interessante porque revela como as perspectivas trazidas de fora influenciam a interpretação das coisas da Amazônia: inicialmente, considerava-se que tais solos eram férteis demais para terem sido produzidos pelos povos indígenas; depois, ao se aceitar sua origem indígena, essas terras passaram a ser interpretadas como verdadeiras obras monumentais agronômicas, produzidas deliberadamente para resolver problemas de escassez — nesse caso, de nutrientes — que assolariam a região. Ambas as perspectivas padecem de noções

---

31. Essa região inclui a bacia Amazônia propriamente dita; as Guianas; a bacia do alto rio Orinoco, na Venezuela e Colômbia; e a bacia de rios que escoam direto para o mar, como o Gurupi, na fronteira entre o Pará e o Maranhão.

ce ausência, de que algo sempre estaria faltando à Amazônia ou aos trópicos em geral, e que caberia ao conhecimento exótico trazer as soluções à região.

Terras pretas se formaram como composteiras ao redor das casas por meio da deposição de lixo orgânico — cascas de raízes como a mandioca, sementes de palmeiras, ossos de animais e folhas e galhos queimados à baixa temperatura. Esses ingredientes, misturados aos cacos das panelas onde se cozinhavam caldos nutritivos de batatas e peixes e onde se fermentavam as diferentes cervejas — conhecidas localmente como caxiri, caiçuma ou chicha —, enriqueciam e modificavam a coloração dos solos ao redor das casas de palha e madeira, que, por sua vez, também eram periodicamente abandonadas, queimadas e reconstruídas no entorno, em um processo contínuo que eventualmente levava à formação de vastas áreas de solos escuros. Era comum que, depois de décadas, tais espaços fossem abandonados, mas a floresta que viria a recobri-los era diferente da que existia anteriormente: nos quintais das antigas casas, permaneciam as espécies que se havia plantado, e junto delas cresciam plantas típicas de terras pretas. Nas antigas roças e na rede de caminhos que levavam a elas, bem como a outros assentamentos, permaneciam também as árvores plantadas, algumas delas por centenas de anos. Posteriormente, roças eram abertas nesses locais de solo enriquecido, em uma história que continua até o presente.

Esse breve exemplo mostra como, cada vez mais, a arqueologia na Amazônia vem se debruçando não apenas sobre o estudo dos belíssimos objetos de cerâmica e pedra produzidos pelos povos indígenas do passado, mas também sobre as maneiras pelas quais esses povos transformaram a natureza e produziram paisagens; sobretudo, como essas paisagens são um registro privilegiado de modos de vida no passado. Trata-se de um esforço transdisciplinar que envolve o estudo de amostras de solo, de macro e microvestígios de plantas, de ossos de animais e humanos, e que lança mão, cada vez mais, do uso de tecnologias de sensoriamento remoto.

Os povos indígenas da América do Sul não produziram registros escritos sobre si mesmos, e é a partir do estudo dos restos materiais de seus modos de vida que suas histórias podem ser conhecidas. Em regiões desérticas como na costa do oceano Pacífico, no Peru, a extrema aridez e a ausência de chuva permitem que se preservem restos orgânicos como ossos, pelos e têxteis, bem como a arquitetura em pedra e adobe. No alto da Cordilheira dos Andes, no Peru, na Bolívia e no Equador, há evidências abundantes de arquitetura em alvenaria, já que a rocha foi muito utilizada como material construtivo. Na Amazônia, com algumas exceções, os materiais construtivos eram outros: madeira, palha, enviras, cipós e terra. Com exceção desta última, todos os demais materiais são perecíveis e tendem a desaparecer em poucos anos, alimentando a complexa ciclagem de nutrientes que mantém a floresta em pé. Tal ausência de alvenaria contribuiu também para que se criasse a hipótese de que a Amazônia foi esparsamente ocupada no passado; do mesmo modo, eram interpretadas como feições naturais as ubíquas estruturas de terra atualmente registradas — e das quais conhecemos apenas uma pequena amostra —, tais como montículos, tesos, aterros, estradas e valas de diferentes formatos, incluindo círculos e quadrados. O estudo transdisciplinar dos sítios arqueológicos e das paisagens que os circundam modificou profundamente a pesquisa arqueológica na Amazônia e tem contribuído para a elaboração de um quadro mais interessante e complexo da antiguidade da região. Tal perspectiva transdisciplinar tem sido característica da arqueologia contemporânea, e talvez por essa razão a disciplina nunca tenha sido tão interessante como é agora.

Outra manifestação das transformações pelas quais tem passado a arqueologia é o que poderia ser chamado de ampliação do significado do tempo passado. O foco na materialidade e nas paisagens permite à arqueologia estudar também fenômenos históricos recentes, ligados a populações que foram silenciadas e não tiveram oportunidade de escrever suas histórias, bem como a populações que talvez não queiram ter suas histórias conhecidas. Trata-se, por exemplo, dos coletivos quilombolas da época colonial ou do Império ou, mais recentemente, de vítimas da violência do Estado enterradas em cemitérios clandestinos. Ou, então, das dezenas de grupos indígenas que vivem em isola-

mento em diferentes partes da Amazônia. Abordagens arqueológicas podem ser utilizadas também para a proteção dos diferentes povos indígenas em isolamento, como magistralmente demonstra Daniel Cangussu neste livro.

Biólogo por formação e arqueólogo mateiro por prática, Daniel é servidor público da Funai e doutorando na Universidade Federal de Minas Gerais (UFMG). Faz parte de um pequeno e especializadíssimo grupo que tem dedicado a vida à identificação e à proteção dos povos indígenas em isolamento no Brasil. Alguns desses servidores (como Rieli Franciscato, atingido no peito por uma flechada certeira em Rondônia) pagaram com a vida pelo desvelo com o qual se dedicaram à sua missão.

É comum que se pense que povos em isolamento são um dia "descobertos" pela sociedade nacional e que caberia ao Estado estabelecer formas seguras de contato, para que eventualmente se integrem ao nosso mundo. Nos últimos anos, porém, malgrado os inúmeros percalços pelos quais passaram e baseados em sua própria prática, indigenistas da Funai desenvolveram o princípio de que muitos dos povos "isolados" do Brasil, talvez mais de sessenta, assim estão porque querem estar, porque decidiram não estabelecer contato com as sociedades circundantes. Se países têm seus destinos, cabe ao Brasil assegurar as condições para que os povos em isolamento que aqui vivem continuem a reproduzir seus modos de vida, já que não há nenhum outro país no mundo que tenha um contingente tão grande de coletivos humanos que desejem continuar vivendo sem estabelecer contato permanente com as sociedades nacionais. É difícil pensar em alguma responsabilidade maior.

Aliado à sua capacidade única de observação das paisagens, o tempo acumulado nas andanças pela floresta, principalmente na região do médio rio Purus, no Amazonas, na companhia de mateiros experientes, muitos deles indígenas de outras etnias ou então seringueiros ou castanheiros, levou Daniel a construir uma metodologia própria de mapeamento e identificação da presença de grupos em isolamento. O objetivo dos trabalhos que realiza não é estabelecer contato com esses grupos, mas verificar que continuam vivendo sem ameaças a seus territórios. Trata-se de um diálogo silencioso e lento, que exige paciência e observação e que se faz semanas a fio por formas de comunicação ensejadas por coisas: fogueiras antigas, tapiris[32] abandonados, trilhas, picadas, árvores cortadas com machados de pedra ou metal, galhos quebrados, fruteiras.

O trabalho de Daniel e seus companheiros é heroico porque representa uma luta para salvar a humanidade. Essa afirmação pode parecer exagerada, já que o contingente total dos povos em isolamento na Amazônia deve chegar no máximo a alguns milhares de indivíduos, um número pequeno se comparado aos cerca de 8 bilhões de humanos que habitam o planeta. O mencionado heroísmo reside na ideia de que a história dos povos em isolamento não deve ser um destino inexorável rumo ao contato e à assimilação às sociedades nacionais. Não existe lei social ou natural que determine que as coisas tenham que ocorrer dessa maneira. Os caminhos do futuro, embora determinados pelas condições concretas do presente, devem estar sempre abertos à imaginação de mundos melhores, mais justos, mais diversos. Os povos em isolamento não são relíquias de um passado remoto que sobreviveram fossilizadas à margem da história, aguardando seu destino inevitável. Sua história de resistência de tantos séculos nos mostra, ao contrário, que futuros diferentes podem emergir das ruínas do presente, e é essa lição que este livro maravilhoso nos ensina.

----

32. Pequenos acampamentos construídos pelos moradores das florestas e geralmente cobertos de palha.

Os caminhos da floresta

3.

> O mundo está cheio de coisas óbvias que ninguém jamais observa.
>
> **SHERLOCK HOLMES**

O processo investigativo de localização e/ou monitoramento de povos indígenas isolados se inicia por meio de sobrevoos ou pela análise de imagens de satélite; mais recentemente, pela análise de imagens obtidas por drones. Ao examinarmos esses panoramas aéreos, muitas vezes temos a falsa impressão de estarmos diante de florestas intocadas, sobretudo quando visualizamos territórios de povos não agricultores, já que estes geralmente não fazem derrubadas extensas para colocar seus roçados e não constroem grandes casas coletivas facilmente detectáveis das aeronaves. Apesar do acelerado processo de desmatamento que avança sobre a Amazônia, ainda é possível sobrevoar áreas da floresta sem nenhuma alteração antrópica evidente, dando a impressão de ser um manto verde quase homogêneo, como em trechos no interflúvio Juruá/Purus, no sul do Amazonas.

Muito diferente, no entanto, é a perspectiva de quem investiga essas matas sob a copa de suas árvores. Longe de ser um ambiente prístino e intocado, a floresta é lar de diversas populações indígenas e não indígenas, as quais utilizam seus recursos e espaços de maneira diligente e dinâmica.

A evidência mais contundente dessa sociabilidade das matas manifesta-se sobretudo nos caminhos sob o dossel da floresta, os chamados varadouros. Os territórios indígenas são

entrecortados por trilhas que conectam aldeias, acampamentos permanentes ou temporários e os mais diversos ambientes de uso dos seus habitantes, tais como barreiros[33], igarapés, lagos, palhais ou cocais e áreas de caça e pesca. Essas florestas são caracterizadas por uma densa malha de veredas e atalhos. Sua importância e seu uso por parte dos grupos indígenas conferem aos varadouros características próprias. Caminhos muito utilizados e mais batidos, por exemplo, são geralmente mais largos e apresentam o solo mais profundo e compactado.

Os habitantes das florestas costumam quebrar pequenos arbustos e galhos finos por onde passam, a fim de desobstruir a passagem, marcar algum local pretendido ou sinalizar uma mudança de direção das trilhas. Essa é, inclusive, uma ação espontânea entre grupos desprovidos de facas, terçados[34]

33. Barreiros são regiões da floresta onde ocorre o afloramento de sais minerais no solo. Caracterizam-se geralmente pela presença de "piscinas" de barro branco ou de grandes buracos escavados pelos animais que visitam essas áreas.

34. Também conhecidos por facões, facoas, patachos e machetes, são utensílios semelhantes a uma faca, porém maiores. Um mateiro ou mateira anda sempre com o seu terçado. Há uma simbiose entre eles, são seres indissociáveis.

ou quaisquer outras ferramentas cortantes em meio a um ambiente de mata fechada. Entretanto, nossa experiência com expedições de monitoramento dos caminhos de grupos indígenas isolados na Amazônia aponta para o fato de que, mesmo quando munidos de terçados e facas, ainda assim realizam quebradas para marcarem sua passagem por um território, tamanho o significado comunicativo desse vestígio.

Todos os seres da floresta têm caminhos próprios e lhes imprimem características muito peculiares. Tatus, pacas, antas, formigas-cortadeiras, queixadas e caititus, por exemplo, têm caminhos bem visíveis que não se confundem com os vestígios humanos, uma vez que se encontram a uma altura incompatível com as sendas abertas por pessoas. As quebradas indígenas que marcam os varadouros são, em geral, sequenciais, inclusive quando espaçadas, e são realizadas em arbustos e galhos pequenos, usualmente utilizando apenas a força de uma das mãos. Além disso, as quebradas humanas apresentam uma direção, mesmo que tortuosa.

As quebradas animais, por sua vez, podem ser feitas em diversos galhos concomitantes e ter distintas espessuras e dimensões. O local em que se produz a quebra na planta também é um dado relevante, visto que permite estimar a altura de quem a fez. Do mesmo modo, o ângulo da quebrada pode revelar a direção para onde seguia seu artífice: o ângulo em relação ao sentido do caminho não é de noventa graus, é menor para o sentido que a pessoa seguia no ato da quebra, pois esta tanto desobstrui a passagem como responde ao movimento do punho e do polegar durante uma passada. Dessa forma, mesmo em varadouros recentemente abertos e com quebradas muito espaçadas, é possível definir o percurso analisando os ângulos. Contudo, ao buscar e rastrear sinais como esses, é importante considerar a possibilidade de os vestígios terem sido produzidos para confundir quem estiver no encalço.

Por conta disso, todos aqueles que integram expedições de localização ou de monitoramento nos territórios de povos indígenas isolados são rigorosamente orientados sobre como manusear os terçados e garantir que permaneçam amolados, a fim de padronizar o tipo de rastro produzido pela equipe de expedição e não gerar dúvidas acerca da análise dos vestígios em campo. Caso algum membro da equipe opte por não manusear uma ferramenta cortante, precisa se comprometer a não quebrar arbustos utilizando as mãos durante todo o período da expedição, principalmente quando percorrer um caminho já formado. Essas recomendações são análogas a métodos da arqueologia, que objetivam preservar ao máximo os sítios estudados. É fundamental garantir que a atuação descuidada de alguém da equipe não prejudique a leitura correta dos vestígios, já que poderia causar dúvidas e confusões acerca de sua origem e datação.

Os famosos "caminhos das antas", *tapirapé*, por exemplo, são muito batidos, e neles, aqui e acolá, também se avistam quebradas, algumas delas fora dos caminhos principais. Elas se produzem, por vezes, em varas muito grossas, impelidas pelo peito do animal até que se enverguem completamente e se lasquem em virtude da pressão exercida. Há ocasiões em que esses vestígios são encontrados a uma altura semelhante à das quebradas humanas, gerando dúvidas acerca de sua natureza. A despeito da semelhança entre as quebradas antrópicas e as produzidas pelas antas, é na finalidade delas que reside sua principal diferença, já que as antas quebram os arbustos a fim de se alimentar e, para tanto, acessam os

"Passaram hoje por aqui."
Uma quebrada hi-merimã,
2021.

Uma velha quebrada de cerca de 4 anos, 2016.

ramos mais verdes, localizados nas extremidades dos arbustos. A educação do olhar mateiro saberá o que observar ao longo dessas quebradas e perceber, assim, as marcas dos dentes nas pontas dos galhos, as folhas parcialmente maceradas ou a completa ausência delas nas pontas dos arbustos. Mesmo os olhos menos experientes, uma vez orientados, poderão reconhecer esses detalhes em meio à floresta.

Apesar da correlação geral entre a mobilidade dos povos da floresta e a presença das quebradas e dos varadouros, é preciso atentar para as particularidades de cada contexto etnográfico, essenciais para a interpretação das múltiplas quebradas e de seus sentidos. Em 2023, durante uma caminhada com Atxu Marimã[35] por uma região de barreiros no limite leste dos territórios dos Suruwaha e dos Hi-Merimã, no sul do

35. Atxu Marimã é sobrevivente dos violentos processos de contato que acometeram os Hi-Merimã no médio Purus no fim da década de 1980. Passados cerca de 30 anos da quebra do isolamento de seu grupo familiar, episódio do qual ele é provavelmente um dos únicos sobreviventes, Atxu representa um novo momento da coordenação da Frente de Proteção Etnoambiental Madeira-Purus, na qual é central para se pensar novas expedições de localização e monitoramento de outros grupos Hi-Merimã isolados e que estão em áreas ainda não demarcadas e protegidas pelo Estado brasileiro.

Amazonas, ele explicou com detalhes o significado de distintas quebradas por um mesmo caminho. Ele indicou que os caçadores hi-merimã, a exemplo de seu pai, ao encontrarem uma caça que desejam rastrear, passarão naquele instante a realizar quebradas apenas em arbustos finos e próximos entre si. As quebradas apontarão, a partir daí, para o sentido que o caçador seguir, marcando cada passo dele e de sua caça. Próximo aos rastros mais visíveis, o caçador fará quebradas quase rente ao solo, que sinalizarão as pegadas da caça. Quando tiver sucesso em sua caçada, fará uma única quebrada alta, que apontará para onde seguiu com o animal caçado. Esses ensinamentos revelam as quebradas como símbolos de uma comunicação complexa, utilizadas para escrever uma história que será lida e contada por outros caçadores ou por jovens que estejam aprendendo com os pais a arte da caça.

É possível que exemplos como esse tenham inspirado o historiador Carlo Ginzburg a elaborar sua hipótese para o surgimento do discurso narrativo, criada a partir da imagem de um caçador-narrador que não relata o que já transcorreu, mas que reconstitui o que pode ter ocorrido[36]. Esse saber, indicado por Ginzburg como ancestral, consiste na capacidade de, a partir de dados aparentemente negligenciáveis, remontar a uma realidade. O historiador chama esse tipo de conhecimento de indiciário. As primeiras narrativas, a partir de sua hipótese, seriam fundamentalmente indiciárias. Esse saber, baseado na leitura de sinais impressos pelos animais, torna-se, com o tempo, um patrimônio de narrativas transmitido oralmente. Em outras palavras, para Ginzburg, a história de uma caçada pode ter sido a primeira contada e registrada por seres humanos.

Creio que o historiador tenha muitos elementos para sustentar sua hipótese, mas concordo com ele apenas em parte. Minha experiência diz que as histórias envolvendo as práticas de coleta de frutos e batatas na floresta, junto aos povos com quem convivi, são igualmente ricas em narrativas,

---

36. Carlo Ginzburg *apud* Bernardo Barros Oliveira, Do tradicional ao indiciário, e depois: uma narrativa contemporânea brasileira. *Viso — Cadernos de Estética Aplicada*, v. 6, n. 11, p. 205, jan.-jun. 2012.

descrições e sinalizações pelos caminhos. Não devemos descartar a hipótese de que a primeira história narrada por nossa sociedade tenha sido uma história divertida sobre um grupo de amigas coletando batatas[37] nas savanas africanas.

De volta aos caminhos, há outros aspectos mais sutis na história dos varadouros que demandam um olhar mais atento dos mateiros: o crescimento vegetativo e a capacidade de cicatrização das plantas. À diferença dos animais, muitas plantas crescem por toda a vida, e os responsáveis por esse crescimento são alguns tecidos vegetais específicos: os meristemas[38]. Há conjuntos de células que permanecem jovens e retêm a potencialidade para divisões celulares após o fim da embriogênese, processo pelo qual o embrião da planta é formado, a exemplo das células-tronco nos animais. Os meristemas laterais são os responsáveis pelo aumento da es-

37. Cf. capítulo 4, "Notas botânicas de um contato", nas p. 145-158.

38. Os meristemas são tecidos vegetais formados por células indiferenciadas e com elevada capacidade de divisão celular. Estão localizados em regiões de intenso crescimento nas plantas.

Uma velha quebrada no território suruwaha, 2018.

Uma velha quebrada no território jacareúba/katawixi, 2022.

pessura ou da circunferência do corpo da planta, assim como os meristemas apicais são responsáveis pelo aumento de seu comprimento. Esse crescimento prolongado ou ilimitado dos meristemas é muitas vezes descrito pela botânica como indeterminado ou indefinido, o que explica a existência de árvores gigantescas com milhares de anos de vida em várias regiões do planeta.

Há outros grupos de células vegetais distribuídos no corpo das plantas que mantêm sua elevada capacidade de divisão celular mesmo após atingir a maturidade — a exemplo dos meristemas. Eles desempenham um papel importante nos processos regenerativos e na cicatrização de lesões vegetais. Caso um arbusto seja quebrado, esses grupos de células atuarão para que o ferimento seja cicatrizado, a fim de proteger a espécie de ataques de fungos e assegurar que a planta retome seu crescimento. Mas, a despeito da eficiência regenerativa dos tecidos vegetais ao longo dos processos evolutivos, a cicatrização das plantas não é perfeita, e são exatamente essas "imperfeições", conservadas ao longo dos anos de vida das plantas, o objeto de apreciação dos materios para o reconhecimento dos varadouros mais antigos.

Um dos meristemas laterais, conhecido por câmbio vascular, é responsável pela formação dos tecidos vasculares: o floema e o xilema. Esse último é o principal tecido de sustentação e condução de água e de demais produtos inorgânicos no interior das plantas. As células do xilema, quando maduras, são desprovidas de protoplasto, ou seja, não têm vida. Como diria o botânico Francis Hallé, "uma árvore bem grande é, basicamente, madeira morta, uma fina

Uma velha quebrada de anta, 2023[39].

camada viva sobre uma enorme pilha de madeira morta"[40]. Por meio de um tipo específico de apoptose — morte celular programada —, essas células vão se fundindo umas às outras durante o processo de crescimento das plantas, a fim de formar os dutos condutores internos que, por sua capilaridade, farão a água proveniente das raízes chegar até as folhas. Entretanto, esse sofisticado sistema de formação do xilema impede que ele se regenere, já que suas estruturas estão mortas e enrijecidas por celulose e lignina[41].

Quando sofrem danos, os tecidos especializados das plantas reconstituirão o câmbio vascular, e novas camadas de xilema serão produzidas e direcionadas para a parte interna da planta, ao passo que novas camadas de floema serão depositadas na parte externa ao câmbio. Nesse processo, tais camadas

39. Ao empurrar os arbustos com o peito para alcançar as folhas mais tenras, as antas muitas vezes rompem os sustentáculos das raízes. A planta retomará seu crescimento, mas apenas os novos brotos crescerão verticalmente. As raízes rompidas, também constituídas por células do xilema, jamais se recuperarão.

40. Francis Hallé, *A vida das árvores*, São Paulo: Olhares, 2022, p. 60

41. Lignina é um polímero orgânico sintetizado pelos vegetais que une as fibras celulósicas, aumentando a rigidez da parede celular vegetal. Junto à celulose, constitui a maior parte da madeira dos arbustos e das árvores.

Crescimento de gemas apicais ao longo do caminho hi-merimã, 2016[42].

celulares tentarão recobrir o dano, remediando-o de modo a assegurar a retomada do crescimento. Todavia, a lesão causada no xilema permanecerá internamente na estrutura da árvore — em muitos casos manifesta externamente pela tortuosidade da quebra. Os meristemas apicais garantirão o crescimento vertical, e a planta se tornará uma árvore adulta. Contudo, apesar da cicatrização promovida pelos tecidos vegetais mais externos do tronco da planta, o xilema interno danificado jamais se recuperará. Consequentemente, a tortuosidade provocada pelas mãos humanas no momento da quebrada se perpetuará. Assim, a pequena muda atingirá sua maturidade podendo assumir as feições de uma árvore grande e frondosa, mas o local, o sentido e a altura da quebrada permanecerão, testemunhando ao longo de sua vida a mobilidade territorial e a itinerância dos povos indígenas pela floresta.

A manutenção dos varadouros demanda novos cortes e quebradas; portanto, eles apresentam plantas e árvores em diversos estágios de crescimento e cicatrização. Varadouros

42. A imagem mostra quebradas no interior de um varadouro dos Hi-Merimã. No primeiro plano, observa-se uma quebrada à direita em estágio inicial de regeneração. As gemas axilares crescidas são observáveis. No segundo plano, o indigenista segura uma quebrada inclinada para a esquerda. Entre elas está o sentido do varadouro. O tempo de regeneração dependerá de vários fatores ambientais: tipo de mata, umidade do ambiente, grupo taxonômico a que pertence a planta, época do ano, entre outros. Esses dados permitirão ao indigenista datar com precisão a idade do varadouro.

abandonados há anos ainda podem ser observados pelos grossos troncos deformados, que preservam o sentido para onde seguiam aqueles que os produziram. Mateiros experientes conseguem, quase que intuitivamente, rastrear varadouros seculares marcados por velhas árvores tortas e espaçadas.

A identificação e a datação dos varadouros e de suas quebradas são auxiliadas, ainda, pela presença de ramos e brotos próximos ao local onde a planta sofreu o dano. O crescimento desses brotos é regulado — inibido — por fitormônios (hormônios vegetais). A principal fonte de alguns desses hormônios está localizada nas pontas e nas hastes dos galhos, ou seja, nas gemas apicais. Quando estas são seccionadas, as regiões afetadas deixam de ser inibidas e dão início ao processo de crescimento. Logo, além da tortuosidade, as velhas quebradas podem se revelar na bifurcação incomum de árvores naturalmente linheiras de tronco único. Assim, castanheiras,

Castanheira bifurcada ao longo de um velho caminho no sul do Amazonas, 2015.

cedros, cumarus, louros, itaúbas, ipês, mulateiros, jatobás e jutaís, reconhecidos por seus troncos retilíneos individualizados, por vezes se apresentam bifurcados ou trifurcados ainda próximos ao solo — particularmente quando presentes nas margens de antigos caminhos. Nesses casos, a idade das árvores bifurcadas mais velhas e daquelas que apresentam tortuosidades se aproxima da idade dos próprios varadouros.

Em 2013, durante uma expedição de monitoramento, percorri junto com outros indigenistas da Funai os varadouros dos Wyrapara'ekwara, na TI Uru-Eu-Wau-Wau. Um desses caminhos conectava a região de serras a um conjunto de barreiros a leste desse território. Barreiros, como vimos, são regiões da floresta onde ocorre o afloramento de sais minerais no solo. São áreas de grande concentração de caça, já que animais como as antas, as queixadas e os veados dependem desses minerais para balancear sua dieta. A importância desses

90

Um velho caminho hi-merimã com solo compactado e árvores inclinadas para o seu interior, 2016.

lugares de caça para os Wyrapara'ekwara se revelava sobretudo pela largura e extensão dos varadouros, que, ao longo dos anos, se tornaram verdadeiras estradas. Para serem abertos, não foram quebrados apenas ramos e varetas: com o auxílio de ferramentas, os indígenas tiveram o cuidado de derrubar inclusive arvoredos relativamente grossos (de cerca de 10 centímetros de diâmetro) por todo o aceiro[43] do caminho.

As árvores das bordas do varadouro se desenvolveram inclinadas para o interior do caminho, respondendo ao fototropismo — crescimento das plantas orientado pelo estímulo luminoso — em razão do tamanho da clareira aberta ao longo do varadouro. Essa é uma característica comum das árvores que margeiam estradas e daquelas presentes nas matas ciliares dos igarapés. Espécies pioneiras, como marupás, toréns, embaúbas, lacres e castanheiras[44], que colonizam mais rapidamente as clareiras na mata, crescem ao longo de varadouros largos como esse e podem, quando surgem alinhadas em meio à floresta, ser consideradas bioindicadores da existência pretérita desses varadouros, quando eles já não são mais utilizados ou reavivados por seus donos.

Ainda sobre as espécies pioneiras observadas ao longo dos varadouros, há uma que merece destaque: as *Casimirella*. Lianas da família Icacinaceae, colonizam clareiras e bordas de varadouros em diversas regiões da Amazônia e geram batatas que pesam até 200 quilos. Essas batatas são utilizadas por grupos indígenas na produção de beijus, tapiocas[45] e mingaus. Hoje, sabemos que essas plantas tiveram papel central na soberania alimentar de diversos povos nativos das florestas brasileiras. Se juntarmos a isso o fato de que os povos indígenas coletam frutos pelo interior da floresta e deixam suas sementes ao longo dos caminhos que percorrem (sementes que se tornarão árvores adultas), os varadouros, além de revelarem mobilidade e territorialidade, também precisam ser vistos como sítios de promoção e dispersão da

----

43. A borda do caminho.

44. As castanheiras são consideradas árvores pioneiras de longa duração.

45. Beijus e tapiocas são alimentos de origem indígena produzidos da massa ou fécula da mandioca ou de outros tubérculos. De forma semelhante a panquecas, ambos são assados em finas camadas até adquirir consistência sólida e/ou crocante.

agrobiodiversidade dos povos nativos, talvez tão importantes quanto os quintais dos grandes aldeamentos do passado.

Cicatrizes também são vistas nas árvores das bordas desses antigos varadouros. Estão sempre voltadas para o interior do caminho formado e são resultado de tiradas de envira, da extração de essências ou medicamentos e de pequenos golpes desferidos nas árvores por quem percorria aqueles caminhos (ao que parece, sem motivo aparente). Esses e outros processos relacionados ao crescimento vegetativo das plantas se perpetuam e denunciam a existência de antigas passagens humanas. Trilhas como as dos Wyrapara'ekwara e dos Hi-Merimã resistem ao tempo mesmo quando abandonadas por seus criadores. O olhar mateiro aos caminhos da floresta auxilia na compreensão dos processos concernentes à criação e à persistência desses varadouros ancestrais, de modo a revelar, a partir deles, os territórios indígenas.

Reconhecer, datar e interpretar os caminhos é fundamental. Se, por um lado, varadouros muito antigos revelam o histórico de uso e ocupação de determinada região, caminhos muito jovens são um alerta para que recuemos, a fim de não importunar aqueles que não desejam o contato.

Em agosto de 2021, coordenei uma expedição que culminou com a confirmação da existência de um grupo isolado vivendo perto de afluentes do rio Purus, no interior da Reserva Extrativista Médio Purus, próximo à TI Hi-Merimã. Os meses que se seguiram foram dramáticos, pois precisávamos articular com urgência a proteção do grupo isolado recém-confirmado junto a instituições à época sucateadas e declaradamente anti-indígenas — e durante a pandemia de covid-19.

Em um primeiro momento, por razões políticas conhecidas, diretores dos órgãos indigenista e ambiental na ocasião buscaram desacreditar os dados obtidos pela equipe, tomando-nos por "implantadores de vestígios" ou, nas reuniões mais calorosas, por "mateiros esquerdistas agindo de modo ideológico", embora o significado disso nunca tenha sido esclarecido. Em um segundo momento, via estranha manobra narrativa, os mesmos diretores reconheceram a existência do grupo isolado, mas decidiram que correspondia a uma parcela desgarrada dos habitantes da TI Hi-Merimã demarcada e

Arbusto ostentando duas quebras hi-merimã com idades distintas, 2021.

que, em breve, aquele contingente voltaria para perto de seus parentes. Portanto, não havia necessidade de articular ações de proteção do referido território ou de se falar em restrição ou demarcação de uma nova Terra Indígena.

Em defesa dos indigenistas e dos "mateiros ideológicos", e como prova inequívoca não só da existência, mas do uso permanente do território por parte do grupo indígena isolado, lá estavam as quebradas, sólidas e irredutíveis — aliás, elas continuam lá enquanto estas páginas são lidas. Elas revelam que o grupo utiliza a região em ciclos sazonais. Sobem o igarapé todos os anos no tempo das chuvas e permanecem nas áreas mais baixas no tempo da seca, onde fazem suas pescarias com timbó[46] nas ressacas e poços formados. No interior de seus varadouros havia quebradas que datavam de um a dez anos, e outras mais antigas. De tão utilizados os caminhos, alguns arbustos chegavam a ostentar mais de uma quebrada, com idades diferentes, mas apontando para o mesmo sentido para o qual o grupo isolado seguia ano após ano.

46. A planta timbó é um ictiotóxico do gênero *Deguelia* utilizado em pescarias. Ela é geralmente macerada com porretes para a extração de seu veneno. Daí a expressão "bater o timbó" (cf. ocorrências na p. 154 e nas p. 5 a 7 do encarte "Notas botânicas").

Muitos dos conceitos botânicos e das terminologias aqui mobilizados não estão presentes no mundo dos mateiros. Para eles, há modos mais elegantes de abordar os fenômenos próprios da biologia vegetal. No ambiente silencioso e compenetrado desses habitantes das florestas, a comunicação é mais concisa, e as longas conversas são reservadas para quando já estão no aconchego de suas redes ouvindo os bichos da noite. Acerca da minha tentativa de descrever processos histológicos, que culminam com a criação e a perpetuação de velhas quebradas, me valendo sobretudo de palavras como "xilema", "lignina", "meristemas" e "bioindicadores", penso que meus amigos mateiros sintetizariam isso de forma mais poética e bem-humorada. Diriam eles: "Repare bem, maninho. Pau que nasce torto, morre torto, e até sua cinza é torta", ou seja, pau que nasce torto nunca se endireita.

As quebradas e os varadouros atestam que a Amazônia não é um ambiente intocado e que sua importância não se restringe ao nosso presente ou à nossa vontade renitente de permanecer existindo nesse mundo. Por meio da materialidade expressa na tortuosidade de seus arbustos e árvores, a Amazônia mantém viva a memória de incontáveis povos que deixaram um pouco de suas vidas impressas no mundo vegetal. Nesse sentido, a destruição das matas não acarreta apenas a degradação ambiental, mas também suprime a história humana nelas inscrita. A identificação das velhas quebradas, das árvores bifurcadas ou inclinadas pela luz do sol e, consequentemente, dos varadouros centenários é utilizada para mapear o território dos povos indígenas isolados na Amazônia brasileira, além de oferecer suporte para o rastreamento e a demarcação de quaisquer territórios indígenas, sobretudo daqueles territórios ancestrais cujos habitantes se viram forçados a abandonar, vivendo hoje refugiados em outras terras. Mesmo em localidades distantes da Amazônia — onde o processo de colonização da América é mais antigo, e o resultado da destruição das matas, mais evidente —, esses caminhos ainda estão vivos e resistem ao passar do tempo.

De volta ao Vale do Mucuri[47]

Lembro-me dos Maxakali em suas andanças pelo Vale do Mucuri quando morava no nordeste de Minas Gerais. Eles percorriam os mesmos caminhos de seus pais e avós, rememorando histórias e mantendo vivos seus cantos e tradições. Ao longo do processo de colonização, muitas de suas principais rotas foram sendo apropriadas pelos colonos e tropeiros, transformando-se com o passar dos anos em estradas mais largas e empoeiradas, enlameadas, esburacadas e, por fim, convertidas em um manto de asfalto negro escaldante para os pés descalços. São rotas que conectam rios como o Pampã e o Mucuri, além de cidades e de outros lugares que ainda preservam seus nomes indígenas. Apesar da quase completa destruição das matas daquela região, ruínas das florestas dos *Tikmũ'ũn* (como se autodenominam os Maxakali), esse povo resiste e continua a seguir por onde passaram seus ancestrais. Se nos dispusermos a acompanhá-los pelo interior das fazendas, nos embrenhando por entre cercas e arames farpados, as velhas quebradas e os varadouros seculares se revelarão. São, antes de tudo, testemunhas da opressão, do esbulho e da usurpação dos territórios indígenas do passado e do presente. Na minha região, a saudade da terra estará eternamente materializada em uma velha quebrada maxakali.

47. Rendo homenagem ao amigo e conterrâneo Tau Brasil, falecido em 2023. Grande cantor e violonista (um violeiro "cantadô", daqueles que puxam alto a cantoria, muito comuns lá onde nascemos), foi representante de uma linhagem de poetas, músicos e instrumentistas que atravessa gerações nas regiões de Fronteira dos Vales (Pampã) e das Águas Formosas, no nordeste de Minas Gerais. Cantou a poesia de Miguel Gato e de Miguel Canguçu e será cantado por Augusto, seu filho. Com sua arte e sua voz potente, exaltou a força e a singeleza do povo da nossa terra. Fez conhecer as Lavadeiras do Córrego Novo e as Histórias de Vaqueiro das matas secas. O São João do nordeste mineiro terá saudade de Tau Brasil, assim como todos nós, baianeiros mineranos, que o conhecemos.

Sueli Maxakali

O nosso território é a Mata Atlântica, no Vale do Mucuri. Mas não é mais como antigamente. Nosso sonho é um dia recuperar a nossa floresta. Antigamente havia muitas frutas para os animais e para os *tihik* (parentes). Muito cará do mato, maracujá do mato e diversas outras plantas que não sei o nome em português. Havia *xuyãm*, uma fruta com gosto de banana, e muito *koput*, um cará especial para nós, *Tikmū'ūn*, que tem as folhas vermelhas e pintadas. Todas essas frutas e batatas estão preservadas nos cantos de *yãmĩyxop*. Por isso não nos esquecemos de nada. Das plantas e dos animais. A memória do nosso território e da nossa floresta está nos cantos do nosso povo. Eles preservam nossa história, que também é a história da nossa Mata Atlântica, como memórias do passado, como os vestígios da floresta que não vão se perder enquanto existir nossa cultura e nossos cantos.

Na Mata Atlântica havia muitas abelhas. Tínhamos mel para nos alimentar e curar. As abelhas também estão desaparecendo, assim como as frutas e os outros animais. Hoje os *tihik* dependem do supermercado e da farmácia. A fibra da embaúba também nos cura. Foi o espírito da formiga que nos ensinou a fazer as bolsas de fibra de embaúba. Estamos perdendo as embaúbas também. E com isso vai se perdendo também o conhecimento de como extrair e preparar a fibra, desfiar, raspar a casca. Isso faz com que os mais jovens não tenham a oportunidade de aprender. É assim que vão desaparecendo as culturas. Queremos ensinar nossos jovens, mas não há mais territórios e florestas para ensinar.

Nós, Maxakali, andamos com a Mata Atlântica dentro do nosso corpo e junto com os *yãmĩyxop*. As florestas são indígenas. Todas elas. Nossos *yãmĩy* as protegem. Os *tihik* vão semeando mais florestas. Se outros *ãyuhuk* (não indígenas) também entendessem isso, teríamos políticas públicas mais sérias no nosso Brasil. Menos desmatamento e menos violência contra os povos indígenas. Se mais *ãyuhuk* entendessem isso, não teríamos tanta gente pensando coisas absurdas e ruins como o Marco Temporal.

Tiradas de mel na fronteira amazônica

Diferentemente das quebradas, que podem ser encontradas em qualquer território indígena, alguns vestígios apresentam distribuição espacial muito restrita e podem estar associados a contextos etnográficos específicos. Esse é o caso das tiradas de mel, um dos principais vestígios da presença de povos isolados nos estados do Maranhão, do Mato Grosso e de Rondônia, identificados como pertencentes à tradição tupi.

No âmbito da pesquisa por vestígios, as tiradas de mel caracterizam-se por incisões feitas pelos povos indígenas nos troncos e galhos das árvores. Realizados com ferramentas de aço ou machados de pedra, os entalhes facilitam o acesso e a extração total ou parcial dos favos ou potes de mel em fendas ou cascas das árvores. As espécies que apresentam essas incisões, geralmente árvores adultas, são chamadas no meio indigenista de "paus de mel".

Tirada de mel
wyrapara'ekwara, 2013.

Tirada de mel awá-guajá,
2017.

Considerando que as incisões no xilema jamais cicatrizam completamente, esses vestígios podem se manter nas florestas por décadas ou até mesmo séculos, estando sua existência condicionada somente ao tempo de vida das próprias árvores que os ostentam. Eles se tornam, portanto, testemunhas dessa importante prática de coleta mesmo após esses povos terem desaparecido, a exemplo de antigas tiradas de mel encontradas em certas regiões do sul do Amazonas.

Em muitos casos, para alcançar as colmeias no alto dos troncos e galhos, os indígenas constroem andaimes nas árvores com varas, cipós e enviras. Quando a construção dessas estruturas se mostra inviável ou a altura da colmeia oferece demasiado risco, as espécies arbóreas podem ser levadas ao chão, com o objetivo de se ter acesso ao mel de forma segura. Há casos em que os andaimes são construídos para se alcançar seções mais delgadas dos troncos, evitando o corte próximo ao solo, onde as árvores geralmente apresentam diâmetro maior ou raízes tabulares (as sacopemas[48]). A coleta do mel envolve também outras técnicas. O uso de

---

48. Sacopemas são prolongamentos tabulares na base do tronco de algumas árvores. Essas formações são ocas e, quando golpeadas com bigornas, produzem sons de baixa frequência que podem ser ouvidos a longas distâncias.

fogo e fumaça é frequente, sobretudo quando as abelhas são muito bravas ou têm ferrão.

Quando muito pequenas ou situadas na copa de grandes árvores, algumas tiradas de mel podem ser observadas apenas com o auxílio de lentes de câmeras fotográficas ou binóculos. Por vezes, são detectadas em campo pelas amarrações deixadas nas árvores. As tiradas de mel das abelhas arapuá (*Trigona spinipes*)[49], por exemplo, evidenciam-se por uma mancha escura no alto das árvores, local onde a colmeia externa da espécie (tipo cupinzeiro) outrora se fixara.

O MEL ENTRE OS WYRAPARA'EKWARA

Em 2013, o indigenista Rieli Franciscato coordenou uma expedição pela região sudeste da TI Uru-Eu-Wau-Wau, com o objetivo de monitorar vestígios nas proximidades de uma região de serras. Por duas semanas, totalizando cerca de 115 quilômetros percorridos, a equipe indigenista mapeou varadouros, acampamentos abandonados, locais de caça e coleta, registrando a cultura material dos Wyrapara'ekwara. Nessa expedição, os registros de tiradas de mel foram os mais abundantes e dispersos pelo território percorrido, totalizando 17 tiradas de mel mapeadas. Análises subsidiadas pelo método mateiro de datação dos eventos permitiram estimar a antiguidade dos vestígios: algumas tiradas de mel tinham poucos meses de idade, já outras tinham de 25 a 30 anos. Na ocasião, também foi possível identificar algumas das espécies construtoras das colmeias manejadas, como as abelhas de ferrão (*Apis mellifera*, também conhecida como abelha-europeia), as uruçus (*Melipona* sp.) e as arapuás.

Perante a descoberta de um grande andaime no interior da TI Uru-Eu-Wau-Wau naqueles dias de expedição, Rieli não se restringiu à análise pontual das incisões e à avaliação das técnicas de construção empregadas pelos indígenas. Ele chamou a atenção de sua equipe para a grande quantidade

---

49. Seu nome é de origem tupi: *eírapu'a* ("mel redondo"). Faz referência ao formato de sua colmeia.

de outros vestígios produzidos provavelmente por mulheres, crianças e demais membros da comunidade wyrapara'ekwara. Com seu olhar mateiro aguçado, Rieli descreveu com precisão os vestígios que revelavam o envolvimento de toda a comunidade em torno daquela coleta de mel. Foi possível identificar, por exemplo, onde as pessoas se sentaram a fim de acompanhar os filhos e companheiros durante a construção do andaime — nesse caso, um local seguro e com vista privilegiada. Uma pequena corda de trançado delicado presa a um tronco nas proximidades sugeria que algum xerimbabo[50] esteve ali amarrado (ou até mesmo uma criança, para sua própria segurança). Diversas plantas quebradas a

Indígena araweté coletando mel de abelha arapuá, 1982. A colmeia, nesse caso, parece um cupinzeiro.

50. Palavra tupi cuja tradução aproximada seria "coisa muito querida". Em geral, xerimbabos são animais da floresta adotados pelas crianças.

Tirada de mel awá-guajá de colmeia de abelhas arapuá, 2017. No canto inferior da foto, é possível observar amarrações e varas do andaime construído para acessar a colmeia.

uma altura de poucos palmos do solo e a presença de gravetos no local reforçam essa ideia.

Os vestígios desse ambiente sugeriam que o grupo se alimentou durante alguns dias nas proximidades da tirada de mel. Comeram castanhas (*Bertholletia excelsa*), tatu (*Dasypus* sp.) e cutia (*Dasyprocta* sp.) assados e bastante mel. Era possível observar diversas tramas e pontos de trançados a partir de cipós e palhas, presumindo se tratar de cestarias iniciadas e precocemente descartadas — provavelmente um passatempo durante os banquetes e as longas conversas animadas.

A HISTÓRIA DO MEL CONVERTIDA EM CINZAS

Em 2017, a Funai pôs em prática um plano de ação emergencial cujo objetivo era articular diversas expedições ao interior da TI Arariboia, no estado do Maranhão. Essa operação buscava evidências recentes da presença do grupo isolado Awá-Guajá, habitante desse território. Porções centrais da TI tornaram-se os últimos refúgios para o maior coletivo dos Awá-Guajá isolados, atualmente estimado em pouco mais de 15 pessoas. A TI Arariboia havia sido gravemente acometida pelos grandes incêndios florestais ocorridos nos anos anteriores, que tinham consumido grande parte dos poucos remanescentes de floresta da região. Por isso, a resistência dos Awá-Guajá isolados estava em xeque. Para o alívio de muitos, os vestígios foram por fim encontrados, muito embora os Awá-Guajá da TI Araribóia continuem a ser considerados um dos povos indígenas isolados em situação de maior vulnerabilidade de toda a América Latina.

As informações obtidas ao longo da execução do plano emergencial foram utilizadas na elaboração e na qualificação de novas metodologias de monitoramento remoto da TI Araribóia, as quais permitiram associar dados sobre desmatamento e incêndios florestais da região aos padrões de mobilidade do grupo indígena. O registro de técnicas de construção e manejo de cacimbas dos Awá-Guajá e a percepção da relevância dessa prática para o modo de vida adotado por eles em ambiente tão degradado também foram algumas das contribuições das expedições de 2017.

Na TI Araribóia, a exemplo do que se aplica a outros povos Tupi isolados, os vestígios detectados pelas equipes indigenistas referentes à coleta do mel foram os mais abundantes e disseminados. De modo análogo ao dos Wyrapara'ekwara, os Awá-Guajá da TI Araribóia fazem uso de variadas técnicas para encontrar mel em seu território. Mediante engenhosas amarrações com cipós e enviras, constroem pequenas pontes, pinguelas e corrimãos com o objetivo de conectar um pau de mel a outras árvores mais finas e, com isso, facilitar a escalada da árvore pretendida. Os grandes andaimes são menos comuns devido à própria escassez de matéria-prima disponível em suas florestas, já bem destruídas.

Não foram poucas as vezes em que os próprios andaimes e demais vestígios associados à coleta do mel foram encontrados quase totalmente carbonizados pelos incêndios que, ano após ano, assolam a região. A pressão sobre a floresta da TI Araribóia representa um obstáculo até mesmo para a própria metodologia de reconhecimento e datação de vestígios. Com a destruição das matas, são destruídos também os sinais de passagens, de pequenas quebradas e de cortes feitos pelos indígenas em seus deslocamentos. Durante as expedições de 2017, em diversas ocasiões nos deparamos com tiradas de mel muito recentes, as quais ainda mantinham

Tirada de mel recente
encontrada na TI Arariboia,
2017.

o forte perfume do mel, sem que tivéssemos acesso a qualquer vestígio anterior que sugerisse o uso daquele território dias antes pelos Awá-Guajá. Datar varadouros e quebradas é essencial para o método do não contato, pois é principalmente por meio dessas datações que indigenistas controlam a distância dos acampamentos habitados pelos grupos isolados.

O MEL E A RESISTÊNCIA TUPI

Wera Poty Thiago Henrique, jovem criador de abelhas da TI Jaraguá, situada na cidade de São Paulo, traz no documentário *Oremba'e Eí Yma Guare — O mel do passado* (2009) uma interessante história de associação entre os Guarani e as abelhas. No tempo das primeiras invasões coloniais, os Guarani, "caçados" pelos portugueses, debandaram em fuga. Durante esse movimento de dispersão, encontraram colmeias de abelhas sem ferrão. A partir do consumo do mel, os Guarani

Recipientes dos isolados da TI Arariboia para armazenar mel, 2013.

obtinham alimento e curavam-se das doenças, o que lhes permitia seguir em frente, diferentemente dos portugueses, que tinham que parar para comer e descansar. Wera conclui que, em grande medida, foram as abelhas que permitiram o deslocamento para o sul e a resistência dos Guarani.

A história contada por Wera se reflete em episódios recentes nos quais o mel desempenha um importante papel na trama de fuga, refúgio e resistência entre povos Tupi--Guarani em isolamento. A coleta do mel compõe uma das estratégias milenares da relação dos povos ameríndios com seus ambientes. As abelhas influenciam suas estruturas sociais e o modo como veem o mundo. Entretanto, tudo isso encontra-se sob forte ameaça. As terras indígenas dos povos Tupi isolados têm sido alvo constante da ação de madeireiros ilegais e de incêndios florestais criminosos, além de estarem circundadas por latifúndios de monoculturas que, anualmen-te, lançam enormes quantidades de agrotóxicos na fronteira desses territórios indígenas, levando diversas espécies de abelhas à extinção local.

As "derrubadas" no mundo arawá[51]

As derrubadas estão amplamente distribuídas pelos territórios dos povos indígenas isolados e se associam a diferentes práticas de manejo; logo, geram tipos distintos de vestígios. O termo "derrubada" se refere ao resultado do corte seletivo de árvores e palmeiras em meio à Floresta Amazônica. Independentemente da razão que motiva essa prática, vestígios novos ou antigos de cortes de árvores constituem uma derrubada. Já o termo "caída", por exemplo, diz respeito às árvores que sucumbem e vão ao chão devido a causas naturais, como a força de raios e tempestades ou o apodrecimento de seus tecidos de sustentação. Caídas são comuns no interior das matas e geram clareiras, onde comumente se vê uma sucessão de espécies vegetais como cipoais, embaúbas e outras espécies pioneiras e heliófitas. É de praxe que esses ambientes sejam avaliados durante as expedições, para que se saiba ao certo o que levou o corpo daquela árvore ao chão. É preciso ter certeza de que se está realmente diante de uma "caída" e não de uma "derrubada" — o que constituiria um vestígio antrópico.

Por meio da análise do contexto desses vestígios, é possível reconhecer as diversas razões que motivaram a derrubada de árvores. Entre elas, podemos citar: a fabricação de pontes improvisadas e pinguelas; tiradas de mel; captura de filhotes de gavião-real (prática difundida entre povos Tupi); coleta de frutos etc. A prática é intensa no entorno dos acampamentos e está relacionada geralmente à própria construção de malocas[52] e tapiris e à produção de itens da cultura material, a exemplo de jiraus[53], andaimes, moquéns[54] e mãos de pilão[55]. Às vezes, a causa de alguns desses vestígios permanece um mistério indecifrável pelas equipes de campo, que não conseguem associá-los a um objetivo evidente, embora se possa

---

51. Família linguística restrita ao interflúvio Juruá-Purus. São falantes de línguas arawá os Suruwaha, os Jamamadi, os Deni, os Jarawara, os Banawá, os Paumari, os Kulina e os Hi-Merimã.

52. Grandes casas coletivas construídas pelos povos indígenas.

53. Armação feita de varas fixadas ao solo e sobrepostas em formato de grade. É utilizada para armazenar utensílios a certa altura do solo.

54. Grelha de varas para assar carne.

55. Utensílio com função de macerar alimentos no interior de um pilão.

reconhecer a ferramenta utilizada e seu estado de conservação por meio da análise das marcas do corte presentes no tronco.

Na caçada com zarabatana, por exemplo, é comum que, uma vez atingidos por um dardo envenenado, bichos-preguiça e macacos permaneçam presos aos galhos mais altos das árvores. Nesse caso, quando a subida se apresenta muito perigosa, uma das maneiras para se recuperar o animal caçado é proceder à derrubada da própria árvore. Vestígios dessa natureza são dificilmente elucidados pelos mateiros, já que na mata são escassas outras evidências que possam levar a tais conclusões.

Os estipes (troncos) das palmeiras apresentam um sistema de crescimento monopodial, ou seja, têm apenas uma gema apical[56]. Já as outras angiospermas apresentam um sistema de crescimento simpodial, com uma gema terminal de curta duração substituída por uma lateral, que passa a ser a principal. Logo, esta também é substituída por outra lateral, e assim por diante, o que confere um aspecto esgalhado às demais angiospermas. Em geral, as gemas apicais e axilares dessas árvores adultas concentram-se próximas aos galhos, os quais dão origem a novos galhos e gemas. Por conseguinte, em muitos casos, a derrubada tanto de palmeiras quanto de árvores adultas resulta na morte desses corpos vegetais, uma vez que suas principais estruturas de crescimento se mantêm acima do ponto do corte, e os tecidos meristemáticos presentes no tronco podem não ter as condições necessárias para rebrotar, sobretudo na derrubada em tempos de estiagem. De modo distinto dos vestígios de varadouros formados por árvores retorcidas ou esgalhadas, que correspondem a biofatos resultantes de uma quebrada ou corte sofrido nos primeiros anos de existência da planta, os vestígios relacionados às derrubadas correspondem a árvores mortas em fase adulta e que se deterioram mais rapidamente. Nesse caso, uma cuidadosa análise "tafonômica" vegetal[57] fará a datação e revelará

----

56. Há interessantes exceções a essa regra. No igarapé Banawá, afluente do rio Piranhas, na fronteira das terras indígenas Banawá e Hi-Merimã (sul do Amazonas), é famoso um Joari (*Astrocaryum jauari*) que possui um galho. Por vezes, isso ocorre com as palmeiras.

57. A tafonomia estuda os processos que afetam a preservação dos organismos após sua morte até sua fossilização.

a idade do vestígio, e o tempo de decomposição e o posterior desaparecimento completo da derrubada serão influenciados por fatores ambientais e ecológicos em torno da espécie em questão.

As matas secas da TI Arariboia, por exemplo, ainda contêm vestígios quase intactos de derrubadas de mais de 40 anos, ao passo que nas regiões mais úmidas da Amazônia, geralmente com solos mais ácidos, derrubadas de pouco mais de 20 anos de idade são quase imperceptíveis — exceção feita quando as espécies envolvidas são quariquaras (*Minquartia guianensis*), cumarus (*Dipteryx odorata*), mirapirangas (*Brosimum paraense*), itaúbas[58] (*Mezilaurus itauba*) etc. Uma vez derrubadas, elas se assemelham a um "fóssil", em razão de sua dureza e resistência ao apodrecimento.

É importante estar familiarizado com as práticas de manejo utilizadas pelos povos das florestas para se obter um parâmetro de reconhecimento e descrição dos vestígios. A técnica mais comumente empregada na derrubada de uma árvore utiliza um machado de aço amolado e adequadamente encabado, e consiste, inicialmente, em abrir uma "boca" (cava) no tronco da árvore no lado interno de seu ângulo de inclinação ou no lado onde se encontra o maior e mais pesado de seus galhos. Os golpes nunca são desferidos perpendicularmente sobre a face ou o plano do tronco. Pessoas inexperientes correm o risco de danificar drasticamente a lâmina de seu instrumento com um único golpe caso procedam de maneira diversa.

Uma prática correta envolve a extração de seções do xilema a partir da alternância de batidas diagonais no local da abertura. O corte inicial ou a abertura da cava objetiva desestabilizar o eixo de inclinação da árvore e definir, com grande margem de segurança, o local exato da derrubada. Após os primeiros estalos do tronco, a pessoa deve se deslocar para a parte contrária ao eixo de inclinação e, com poucos golpes a partir daí, seccionar os últimos sustentáculos da árvore até sua queda definitiva. A técnica exige uma ferramenta

---

58. No caso das itaúbas, em tupi elas são literalmente "árvores petrificadas": *ita* significa "pedra" e *uba/uwa*, "árvore".

Acima, à esquerda:
Machado de pedra do povo indígena isolado da TI Massaco, 2019.

Acima, à direita:
Amolador portátil descoberto no rio Jequitinhonha, em Minas Gerais, 2020.

poderosa, já que os golpes atingirão a região central do tronco, onde se concentra a lignina, parte mais resistente da árvore. Para a execução dessa tarefa, portanto, é imprescindível o uso de uma lâmina potente e amolada, com um cabo firme e bem equilibrado, a fim de suportar a força dos golpes com segurança — ferramenta essa de que os indígenas isolados dificilmente dispõem. Para a derrubada de árvores, os indígenas isolados geralmente utilizam machados de pedra ou ferramentas de metal obtidas via pequenos furtos nos acampamentos de pescadores e madeireiros invasores de seus territórios ou, ainda, graças aos indigenistas, que propositalmente "esquecem" ferramentas durante expedições de monitoramento.

Em grande parte da Amazônia, a escassez de ferramentas líticas implica, igualmente, a escassez de amoladores manuais portáteis e de sítios de amolação. Sendo assim, na maioria dos casos, mesmo quando os povos têm acesso a terçados e machados de aço, tais ferramentas são utilizadas sem a amolação adequada, o que pode ser observado nos vestígios produzidos por elas: incisões pouco profundas e irregulares nas árvores. A escassez e o risco na obtenção dessas ferramentas, bem como a possibilidade de danificá-las, fazem com que os indígenas restrinjam seu uso, no intuito de preservá-las ao máximo.

Uma das técnicas mais comumente observadas numa derrubada com ferramentas cegas consiste em golpear as árvores apenas no lado oposto ao seu ângulo de inclinação, fazendo com que elas se lasquem antes que os estipes e troncos sejam completamente seccionados. Embora reduza o tempo de trabalho, essa técnica não é utilizada por lenhadores profissionais, tendo em vista que a quebra abrupta decorrente dessa técnica pode gerar perigo à pessoa. Além disso, a quebra forçada danifica a estrutura do tronco, inviabilizando, assim, seu aproveitamento comercial.

A utilização de ferramentas líticas demanda, necessariamente, golpes muito menos incisivos e aplicados com menor potência. Um descuido ou uso precipitado pode ocasionar uma fratura na lâmina de pedra. Nesses casos, a técnica consiste em contornar todo o tronco da árvore por meio de golpes aplicados quase paralelamente ao plano de impacto, evitando-se, assim, as regiões mais internas e resistentes dos troncos, ou seja, o cerne, onde as fibras do xilema já se encontram lignificadas. O resultado desse procedimento é um corte repicado de base cônica. Essa técnica é aplicada de forma cuidadosa quando direcionada a estipes de palmeiras, já que nas Arecaceae, diferentemente da maioria das angiospermas, a lignina se concentra em seus tecidos mais externos.

As derrubadas podem representar uma ação pontual — de menor importância para a metodologia de monitoramento e localização — ou estar incorporadas às práticas de manejo territorial implementadas por determinado

Derrubada no interior do território jacareúba/ katawixi, 2016.

grupo indígena, a exemplo do que se observa nas derrubadas realizadas pelos Hi-Merimã no sul do Amazonas. No caso em questão, elas representam um dos principais vestígios primários observados no monitoramento do território. A fim de acessar os frutos das árvores em suas atividades de coleta, os Hi-Merimã derrubam diversas espécies frutíferas de seu território: jatobás, bacabas, buritis, agaús, abius e abioranas. É interessante notar que até mesmo os patauás (*Oenocarpus bataua*), cujos frutos são de grande relevância na dieta desse grupo, são derrubados.

A cultura material hi-merimã baseia-se, sobretudo, no patauá e a ele se destina, como se nota na elaboração de ferramentas e utensílios exclusivos para seu processamento, armazenamento e para o consumo da polpa de seus frutos. Da palmeira eles utilizam quase todas as partes: do estipe se fabrica o arco; dos acúleos das palmeiras mais jovens se confeccionam os dardos das zarabatanas; das brácteas pedunculares e das bainhas são feitas as caparas[59] utilizadas para o

---

59. Recipiente improvisado produzido por meio de folhas e cascas de árvores.

Patauá derrubado no território suruwaha, 2018.

armazenamento do vinho ou da polpa dos frutos macerados; das folhas são feitos os abrigos temporários — regionalmente conhecidos como rabos de jacu — e a cobertura dos acampamentos; ainda das folhas, são confeccionados os cestos e paneiros[60]; e, por fim, os frutos são consumidos *in natura* ou deles se extrai o vinho, fermentado ou não.

A derrubada das espécies frutíferas úteis afigura-se, num primeiro momento, como uma prática contraintuitiva e avessa ao que convencionalmente se descreve em relação à formação de florestas antropizadas. Contudo, há muitos outros aspectos passíveis de apreciação nesse contexto. Os Hi-Merimã apresentam um padrão de grande mobilidade territorial. Quando se estabelecem na bacia de determinado igarapé, permanecem nele de seis meses a um ano, um ciclo sazonal, para depois seguir a outra microbacia dentro de seu território. Os acampamentos de verão dos Hi-Merimã são geralmente cobertos por folhas do patauá, logo, preferem se estabelecer nas proximidades de patauazais. Assim, uma vez assentados, é possível obter matéria-prima e alimentos. Alguns meses após o estabelecimento do novo acampamento, é certo que grande parte dos patauás presentes na microbacia, e que frutificaram nesse mesmo período, já terá sido derrubada, além de algumas outras palmeiras e árvores frutíferas.

Para os mateiros da coordenação da Frente de Proteção Etnoambiental Madeira-Purus — responsáveis pelo monitoramento e pela proteção desse território indígena —, ainda não estão claras as razões que justifiquem tal postura por parte dos Hi-Merimã. O certo é que alguns resultados ecológicos da prática de derrubar árvores frutíferas podem ser claramente observados. O rejuvenescimento dos patauazais é um deles. À medida que as palmeiras são derrubadas para a coleta de seus frutos, há também o descarte de suas sementes no aceiro dos acampamentos. Após os indígenas deixarem determinado território, um novo patauazal crescerá e se estabelecerá na região. Em larga escala, há a proliferação de "micronichos culturais" dispersos nesse

111

---

60. Cesto confeccionado a partir de folhas de palmeiras ou cipó.

território. Ao que tudo indica, essa não é uma prática ex-clusiva dos Hi-Merimã, mas uma conduta compartilhada e fortemente vinculada à relação que os demais grupos arawá estabelecem com seus territórios.

Entre os Suruwaha — vizinhos dos Hi-Merimã e con-siderados de recente contato pela Funai —, a coleta de frutas silvestres é feita durante o inverno. O fato de derrubarem as árvores faz com que, às vezes, famílias inteiras tenham de se deslocar para áreas mais distantes. Isso implica uma relação cíclica de causa e efeito com resultados profundos na ecologia histórica do interflúvio Juruá/Purus. Em conversa recente com Atxu Marimã, questionei-o sobre essa intrigan-te prática de derrubada do patauá. Ele comentou: "Meu pai dizia que há patauás demais no mundo. Eles não desapare-cerão se derrubarmos alguns deles para coletar seus frutos". E acrescentou: "Toda árvore dá frutos. Fazemos [todos nós, indígenas e não indígenas] o mesmo com os araçás e apuruís [que também oferecem frutos deliciosos] que nascem em nossos quintais". Concordei com ele.

Para além da suposta simplicidade relacionada à prática da coleta, as derrubadas arawá parecem represen-tar também o modo como esses povos indígenas elaboram seus "lugares de memória". Ao longo dos varadouros dos Suruwaha, por exemplo, há diversas derrubadas. Muitas delas foram feitas durante um sepultamento. As sepulturas arawá são protegidas por uma pequena cabana de palha que receberá ajustes, em alguns casos, ao longo dos meses seguintes. Após alguns anos, o pequeno cemitério estará totalmente coberto por folhas e espécies pioneiras da região, e sua localização se diluirá em meio às paisagens encapoei-radas dos roçados e varadouros; no entanto, uma derrubada estará ali por perto, revelando por muito mais tempo que um Suruwaha foi ali sepultado.

Os Suruwaha e os Hi-Merimã fazem o mesmo quando abandonam seus acampamentos sazonais. Produzem cica-trizes e derrubadas no ambiente como forma de imortalizar momentos vividos, escrevendo suas histórias no corpo das árvores. Em 2012, acompanhei um pequeno grupo de jovens Suruwaha durante uma coleta de frutos de pequiá (*Caryocar villosum*). Próximo a um grande pequiazeiro, quando já nos

Patauá derrubado pelos
Hi-Merimã, 2016.

preparávamos para retornar às malocas com nossos panacos[61] cheios, observei que Babawi, um integrante do grupo,
descascava um jovem jutaí que crescia ali perto. Produziu
um anelamento completo na casca da árvore, de modo que
ela não pudesse se recuperar do dano causado. Ao questio-
ná-lo do porquê daquilo, ele me disse: "Morrerei logo. Sou
muito bravo. Mas muitos que passarem por aqui, mesmo depois que nós dois morrermos, se lembrarão que coletamos
juntos frutos de pequiá neste igarapé".

Um trecho da obra da etnóloga Adriana Huber expressa a profundidade desse contexto:

---

61. Panacos são cestarias provisórias confeccionadas a partir de folhas de palmeira.

Os Suruwaha parecem entender literalmente sua história como inscrição e materialização de relações sociais no espaço. "Conhecer a história", além de dominar a cartografia dos acontecimentos passados, para eles significa saber reconhecer *in loco*, e interpretar adequadamente, as marcas físicas deixadas na floresta pelos seus antepassados. Identificar capoeiras velhas como "ex-lugares" (*duki-kiaba*) da maloca de Fulano e Sicrano (cujas mortes foram causadas por tal ou tal evento), deduzir da frequência e grossura de certas espécies arbóreas típicas de floresta secundária quanto tempo já se passou depois que certas famílias (sempre compostas de indivíduos concretos nomeados) deixaram de habitar uma região determinada etc. E "fazer história" (no sentido de produzir eventos e tornar-se a si mesmo personagem histórico), coerentemente com o anterior, significa construir malocas, erguer túmulos para os mortos, derrubar roçados, abrir caminhos e descascar todas as árvores que serviram como esteios para abrigos provisórios em acampamentos, "para que morram" e para que "sempre haja clareiras"[62].

Finalmente, para efeitos de qualificação das ações de monitoramento territorial nesse âmbito etnográfico amazônico tão circunscrito, é essencial assimilar a ideia de que a distribuição dos patauás no território dos Hi-Merimã está diretamente relacionada ao manejo arborícola utilizado por eles. Assim, monitorando-se os patauás, vivos ou derrubados, monitoram-se os ciclos itinerantes dos Hi-Merimã pelas matas do interflúvio Juruá/Purus.

---

62. Adriana Huber, *Pessoas falantes, espíritos cantores, almas-trovões*: história, sociedade, xamanismo e rituais de autoenvenenamento entre os Suruwaha da Amazônia ocidental, tese (doutorado em Antropologia Social) — Universität Bern, Berna, 2012, p. 79.

A castanheira de Borehá

Aruká Juma faleceu em fevereiro de 2021, vítima de complicações do coronavírus. Por meio da linhagem patrilinear adotada pelos Tupi Kagwahiva, ele poderia ser considerado o último homem Juma, embora seus descendentes (netos) se reconheçam como Juma/Uru-Eu-Wau-Wau. Apesar de hoje estar reduzido a poucas pessoas, o povo de Aruká foi numeroso no passado, compondo uma população de milhares de pessoas junto a outros grupos Tupi que habitaram o sul do Amazonas nos últimos séculos.

Dados historiográficos revelam que os Juma, assim como os Karipuna e Katawixi, teriam feito a travessia pelas cachoeiras do rio Madeira — local que hoje corresponde à área de instalação das usinas hidrelétricas de Jirau e Santo Antônio — e se estabelecido na bacia do rio Mucuim, afluente do rio Purus.

As chacinas contra os grupos Juma são alguns dos etnocídios mais bem documentados do médio rio Purus. Aruká era o último sobrevivente direto desses episódios. Esses massacres aconteceram nas cabeceiras do rio Jacaré e nos igarapés do Onça, do São Miguel e do Trufari, localizados no interflúvio dos rios Itaparanã e Mucuim, hoje Floresta Nacional de Balata-Tufari. Há uma capoeira[63] conhecida pelos moradores locais dos afluentes do rio Itaparanã chamada de "Capoeira da maloca". Segundo os ribeirinhos, estão presentes nesse local plantas dos roçados dos Juma. Até pouco tempo antes de seu falecimento, Aruká tinha o hábito de visitar essa região para buscar tabocas[64] para produzir suas flechas.

Foi só em 2018 que tive a oportunidade de visitar a TI Juma. Durante uma caminhada no interior das matas, encontrei uma derrubada. Tratava-se de uma castanheira gigantesca. Reparei que minha amiga Mandeí Juma, filha de Aruká, havia me conduzido até ali de modo proposital. Queria que eu visse aquela árvore. Observei em silêncio aquela derrubada por alguns minutos. Nada poderia ser mais incrível e inexplicável: o tamanho monumental da árvore, a altura do

---

63. Matas pioneiras ou florestas secundárias próximas a antigas habitações humanas ou roçados.

64. Espécie de bambu utilizado na confecção de flechas.

corte, a importância daquela espécie para os Kagwahiva etc. Depois de algum tempo, Mandeí interrompeu o silêncio que então imperava e se pôs a contar a história daquela árvore.

Na década de 1980, Borehá, mãe de Mandeí, desejava ter um gavião-real (*Harpia harpyja*) — *kwanduhua*, na língua Juma. Para tanto, incumbiu seu esposo, Aruká, da difícil tarefa de lhe buscar um filhote na floresta. Desse dia em diante, Aruká iniciou sua busca. Como essas aves chocam seus ovos a cada dois ou três anos, ele monitorou por meses todas as castanheiras que abrigavam ninhos de gavião, até encontrar um que tivesse uma fêmea deitada nele. A vigília de Aruká transcorreu por um tempo considerável. Ele aguardou até que o ovo eclodisse e que o filhote se tornasse uma ave adulta, de aproximadamente 10 quilos e quase 1 metro de altura. Mesmo estando do tamanho dos pais, a jovem ave relutou em deixar o ninho e continuou a ser alimentada pelos gaviões adultos

116

Mandeí Juma e a castanheira de Borehá, 2018.

durante algum tempo, até que os pais decidiram abandonar o ninho de modo definitivo, deixando o filhote à própria sorte.

Aruká tinha se valido das ocasiões em que os gaviões adultos saíam para caçar para construir um gigantesco andaime em torno de toda a castanheira, de modo a alcançar o topo da árvore. Chegara inclusive a construir, próximo ao ninho, um esconderijo a partir de folhas de palmeiras. Tudo tinha sido realizado com muita paciência e cuidado, para que os pais adultos não o descobrissem, o que poderia ter sido fatal para ele.

Certo dia, Aruká subiu a castanheira uma última vez. Levou consigo um grande cesto de cipó entretecido por Borehá e uma vara com uma espécie de cambito, gancho na ponta. Mandeí disse que se recorda de todos os detalhes, pois estava com a mãe lá embaixo, acompanhando a movimentação do pai. De dentro do esconderijo, Aruká capturou o grande filhote com o apoio da vara e o acondicionou cuidadosamente no cesto de cipó. Mandeí se recorda de que seu pai cantou durante toda a descida da castanheira.

Acometida por uma repentina e forte dor no abdômen, Borehá veio a falecer poucos anos depois de receber o presente do marido, deixando-o na companhia de suas três filhas: Mandeí, Borehá e Maitá. Aruká construiu uma pequena cabana sobre o local onde Borehá foi sepultada, junto com alguns dos seus pertences e seu gavião-real, como é costume entre seu povo. Tomado pela dor provocada pela perda de Borehá, Aruká decidiu derrubar a castanheira da qual capturara o filhote anos antes. Aruká considerava que aquela árvore remetia à esposa. A castanheira, segundo ele, pertencia a Borehá, portanto deveria segui-la. Mandeí relata que Aruká fez um pequeno andaime para realizar o corte em um ponto mais alto da árvore e que levou cerca de quatro dias para derrubar a castanheira. Depois de algum tempo, mediante uma articulação controversa encabeçada pela Funai, Aruká e suas três filhas foram forçosamente deslocados de suas terras e conduzidos para a TI Uru-Eu-Wau-Wau. Posteriormente, uma parcela de suas terras foi demarcada, e eles puderam retornar a seu território. Durante todo esse tempo, a grande derrubada permaneceu ali, aguardando o retorno dos Juma, como um sinal de sua territorialidade, como um vestígio da perda e da dor irremediáveis.

As cicatrizes das envireiras

Lecythidaceae e Annonaceae são duas famílias de angiospermas típicas das florestas tropicais da América do Sul, ambas com grande importância para a economia de seus países. No rol das lecitidáceas estão, por exemplo, os gêneros *Bertholletia* e *Lecythis*, que pertencem, respectivamente, à castanheira e às diversas espécies de sapucaia. No Brasil, há cerca de dez gêneros e aproximadamente 120 espécies de lecitidáceas — sobretudo na Floresta Amazônica e na Mata Atlântica. Milhares de pessoas estão diretamente envolvidas na coleta e na quebra da castanha em todos os estados da Amazônia brasileira, sendo sua extração a principal fonte de renda nos primeiros meses do ano.

As anonáceas, por sua vez, se distribuem pelo território nacional em 29 gêneros e cerca de 400 espécies. Entre elas, há espécies domesticadas, tais como a pinha (*Annona squamosa*) e a graviola (*Annona muricata*), frequentemente cultivadas no Brasil.

Além da importância dessas famílias vegetais para a economia extrativista e a agricultura do país, elas compartilham outra característica singular que as tornam elementos úteis de pesquisa nas ações de monitoramento e proteção de povos indígenas isolados na Amazônia: são a mais abundante fonte de fibra vegetal da floresta. A entrecasca de grande parte das árvores dessas famílias se estrutura em camadas fibrosas contíguas, que podem ser facilmente destacadas em faixas, denominadas enviras ou embiras. Tecnicamen-

Frutos de envireira da família Annonaceae, 2022.

Típicos frutos lenhosos de Lecythidaceae, 2023. *À esquerda*: Frutos de sapucaia (*Lecythis pisonis*) da Estação Ecológica da Universidade Federal de Minas Gerais (UFMG). *À direita*: Fruto do matamatá (*Eschweilera amazonica*) no território suruwaha.

te, o termo "casca" refere-se a todos os tecidos externos ao câmbio vascular, incluindo a periderme, camada mais superficial da casca. Conforme esclarecido anteriormente, a cada estação de crescimento, o câmbio vascular adiciona floema secundário à casca, assim como também adiciona xilema secundário (ou lenho) ao interior do caule. É da casca interna — representada pelo floema funcional constituído por células vivas — que as enviras são extraídas. Algumas espécies de Bixaceae e Malvaceae, a exemplo das mungubas-de-terra-firme (*Eriotheca* spp.), também são manejadas com esse fim, porém com menor importância na Amazônia. Cabe esclarecer que, apesar de se poder extrair fibras vegetais da casca dessas outras famílias botânicas, elas requerem modos de processamento e manufatura para que possam ser utilizadas. Não se constituem como faixas, ou seja, embora sejam importantes em alguns contextos etnográficos, não são propriamente envireiras.

O uso dessas fibras vegetais pelos povos indígenas é versátil e difundido. Uma vez trabalhadas, as enviras transformam-se em cordas, linhas e tecidos. Elas ainda são empregadas na elaboração de itens da cultura material, na construção de acampamentos e pontes e nas amarrações necessárias às ações cotidianas, como no ato de amarrar e transportar um animal caçado. Muitos grupos indígenas também utilizam as fibras de enviras na fabricação de tipoias, alças e cestos, estes últimos para carregar crianças.

Para se extrair as enviras, é necessário que seja feito um corte no tronco da árvore. Há espécies cujo floema fibroso é bastante superficial; em outras, é necessário que

120

À esquerda: Extração de enviras de um matamatá por José Lopes dos Sales Apurinã, 2023.

Ao centro: Cicatriz no corpo de uma envireira, 2022. Nesse caso, o câmbio não foi afetado. A cicatriz é facilmente perceptível, embora não seja profunda, e se tornará cada vez menos aparente ao longo do corpo da envireira com o passar dos anos e o crescimento da árvore.

À direita: Cicatriz profunda em envireira, 2023.

seja extraído o súber, uma das camadas da periderme — tecido de proteção mecânica e impermeabilizante das árvores. O corte precisa expor as fibras do floema. Feita a incisão inicial, basta puxar a fibra com as mãos no sentido de baixo para cima, caso se queira extrair longas seções de enviras (que podem alcançar o próprio comprimento da árvore), ou no sentido inverso, caso se pretenda extrair seções menores.

A lesão provocada pela extração das enviras deixa cicatrizes permanentes ao longo do tronco das árvores. Caso toda a casca seja retirada na ocasião da extração da fibra, a ponto de expor o lenho, esse tecido não se regenerará, já que o câmbio vascular terá sido permanentemente danificado. Nesses casos, as cicatrizes serão profundas e bem visíveis. Por outro lado, se forem extraídas apenas as camadas mais superficiais, tecidos especiais reconstituirão a casca perdida. Nesses casos, a cicatriz ficará cada vez menos evidente ao longo dos anos, mas ainda assim perceptível aos olhares mateiros. Por isso, é importante que indigenistas estejam familiarizados com as Lecythidaceae e Annonaceae. Durante as expedições nos territórios de povos indígenas isolados, essas árvores, uma vez encontradas, devem ser rigorosamente inspecionadas, mesmo que não aparentem de imediato terem sido objeto de manejo.

A extração de enviras está relacionada às atividades domésticas e venatórias que, necessariamente, produzem novos vestígios pela floresta. Portanto, a ocorrência de tiradas de enviras pode servir de guia para a realização de outras buscas e investigações em seu entorno. Minutos antes de se chegar aos acampamentos abandonados dos Wyrapara'ekwara ou dos Hi-Merimã, nota-se, por exemplo, que todas as enviras presentes nos varadouros foram extraídas. Logo, ao se deparar com um vestígio dessa natureza em meio à floresta, é preciso se perguntar o que levou os indígenas a tal prática. Provavelmente, nas proximidades de uma extração de envira, houve uma caçada, uma coleta de frutos, a confecção de um paneiro ou a construção de um acampamento.

De tão associadas à produção de exemplares específicos de sua cultura material, as espécies vegetais e o objeto produzido a partir delas são nomeados por alguns povos indígenas com a mesma palavra. Por exemplo, na língua dos Suruwaha, povo indígena arawá habitante das florestas de terra firme do interflúvio Juruá/Purus, *ɦuwi* é a palavra que designa tanto a envireira *Eschweilera amazonica* quanto as maqueiras (redes indígenas) produzidas com as fibras dessa árvore. De modo análogo, tanto a envireira quanto uma trombeta produzida a partir dela são chamadas de *ɦuriatini* entre os Suruwaha. O etnólogo Leonardo Viana Braga escla-

Envira extraída para a confecção de corda de arco e pulseira de envira suruwaha trançada no punho, 2018.

Eschweilera amazonica, envireira utilizada pelos Suruwaha na fabricação de suas *huwi* (maqueiras), ostentando profundas cicatrizes no tronco, 2018.

receu que os Z'oé, povo indígena habitante da calha norte do rio Amazonas, no estado do Pará, produzem suas maqueiras exclusivamente de enviras de castanheira, pois, segundo esse povo, apenas as enviras dessa árvore produzem maqueiras capazes de proteger do frio da madrugada.

A envireira-preta (*Bocageopsis multiflora*), a envireira-caju (*Onychopetalum periquino*) e as envireiras dos gêneros *Xylopia*, *Unonopsis* e *Guatteria* estão entre as anonáceas que produzem enviras mais largas, resistentes e macias. Entre as lecitidáceas, as envireiras mais abundantes pertencem ao gênero *Eschweilera*, a exemplo dos matamatás.

A despeito dos outros usos conferidos à casca e à entrecasca das árvores, as enviras são particularmente importantes para a metodologia de monitoramento dos vestígios por sua versatilidade e ampla utilização entre os povos indígenas — mesmo entre aqueles que possuem outras técnicas de produção de tecidos e fios a partir de plantas cultivadas, a exemplo do algodão (*Gossypium* spp.).

TUTHI, A FIBRA-MÃE

Uma das mais sofisticadas e exclusivas técnicas indígenas de manejo e processamento de entrecascas, com vistas a obter fibra vegetal de espécies arbóreas, pertence ao povo indígena Maxakali (*Tikmũ'ũn*), habitante do Vale do Mucuri, no nordeste de Minas Gerais. A partir da casca da embaúba (*Cecropia pachystachya* e *Cecropia glaziovii*), as mulheres *Tikmũ'ũn* obtêm a fibra utilizada na confecção de diversos itens da cultura material maxakali, a exemplo das tradicionais bolsas (*tutnãg*), dos amuletos de proteção (*munin xuk*) e dos artefatos de pesca (*tuhut*). A fibra da embaúba (*tuthi*) — a fibra-mãe para os Maxakali — apresenta propriedades de cura, e tão somente a utilização desses amuletos já se configura uma ação terapêutica protetora.

Contudo, apesar da semelhança entre as técnicas, as fibras das cecrópias não são enviras propriamente ditas. Em seu processo de transformação, uma vez extraída pelos homens na floresta, a casca precisa ser submetida a diversas técnicas dominadas exclusivamente pelas mulheres *Tikmũ'ũn*. Malgrado a importância tecnológica e terapêutica das embaúbas entre os Maxakali, isso não implica o abandono das envireiras. As fibras da entrecasca de algumas lecitidáceas e malváceas, em especial do embiruçu (*Pseudobombax grandiflorum*), são utilizadas com grande frequência pelos *tihik*, com propósito correlato ao uso da fibra de embaúba. São dessas enviras, aliás, que são confeccionadas as vestes que encobrem a face de *Kup Xai*, chefe dos *yãmĩy*. Esse fato atesta a tradição do uso das envireiras para muito além da Amazônia brasileira e até mesmo entre povos detentores de fibras mágicas protetoras.

Árvores atraentes

Todos os vestígios aqui descritos e analisados revelam ora ações continuadas, a exemplo da produção de quebradas e da abertura de novos varadouros, ora um uso pontual dos recursos naturais dos territórios, a exemplo da extração de

Fibras da embaúba, 2019.

enviras e da coleta de mel entre os povos Tupi, nos tempos de seca, e das derrubadas de palmeiras entre os povos arawá.

O surgimento de novas tiradas de mel, por exemplo, está condicionado à ecologia e ao comportamento das abelhas em determinado território. São o equilíbrio e o crescimento das populações desses insetos mais o estabelecimento de novas colmeias que conduzirão à formação de outros vestígios relacionados à coleta de mel.

As quebradas, por sua vez, serão aplicadas a qualquer arbusto que esteja presente no local de passagem de uma pessoa, independentemente do *táxon*[65] a que pertença. A jul-

65. *Táxon* é uma unidade do sistema de classificação atual dos seres vivos adotado pela biologia. O reino, o gênero ou espécie são *táxons*. A sistemática é o campo de estudo que visa organizar os *táxons* ou *taxa* conforme sua ancestralidade e parentesco evolutivo entre as espécies.

gar pelas diversas razões que levam os indígenas a praticar derrubadas (muito embora as árvores frutíferas sejam o alvo principal no território hi-merimã), podemos dizer que esses vestígios também atingem as espécies de maneira indistinta.

No caso de vestígios mais dispersos, as tiradas de envira podem ser consideradas uma exceção, tendo em vista que, na Amazônia, basicamente duas famílias botânicas, a Lecythidaceae e a Annonaceae, detêm as propriedades que oferecem esse tipo de fibra de sua entrecasca. Contudo, se considerarmos que essas duas famílias reúnem cerca de 40 gêneros e mais de 500 espécies apenas no Brasil, principalmente na Floresta Amazônica, teremos um cenário de dispersão de vestígios bastante genérico e indistinto de espécies.

Há, contudo, vestígios que se expressam em árvores específicas. Geralmente são espécies que, seja por seus aspectos morfológicos, fisiológicos e utilitários, seja por sua importância simbólica e modo próprio de agir e influenciar, atuam como "ímãs" no interior das florestas. Algumas delas, por seu uso ou relevância social entre praticamente todos os povos indígenas que habitam os territórios onde elas crescem, por si sós já representam elementos valiosos para uma investigação da floresta.

Entre povos indígenas isolados ceramistas, a exemplo dos Hi-Merimã, diversos de seus caminhos levam a árvores de caripé (*Licania floribunda*), das quais utilizam a cinza da casca como tempero (anteplástico) para o preparo da argila durante a feitura de suas panelas. Nesse caso, as árvores de caripé servem como bússolas para buscar os varadouros hi-merimã.

Descrevo a seguir algumas dessas árvores, ilustres moradoras da floresta, que considero as mais atratoras de vestígios. Não me atrevo a falar sobre todas as espécies, pois são muitas. Além disso, acredito que todos nós temos uma seleção própria de árvores prediletas.

Um grupo que destaco são as espécies lactescentes, as "leiteiras". O látex branco, róseo, incolor ou amarelado, presente em dutos especiais na casca dessas espécies, é extraído pelos povos da floresta com cortes e sulcos característicos e empregado para diversos fins.

Embora compartilhem a presença do látex, essas árvores se distribuem em diversas famílias botânicas, tais como *Apocynaceae, Moraceae, Clusiaceae* e *Euphorbiaceae*. As *Apocynaceae*, como a sorveira (*Couma macrocarpa*), a sorvita (*Couma utilis*) e o amapá (*Parahancornia amapa*), produzem um látex adocicado comestível, além de frutos muito apreciados. O consumo do leite do amapá, por exemplo, é difundido em várias regiões da Amazônia. O látex das sorveiras é abundante. Após a realização de um simples corte em sua casca macia, uma grande quantidade de leite mina do tronco dessas árvores.

As marcas deixadas nas sorveiras costumam expressar a atração e o interesse que elas despertam. Sorveiras e seringueiras (*Hevea brasiliensis*) nos territórios hi-merimã chegam a ostentar, em uma mesma árvore, os vestígios tanto das atividades extrativistas dos soldados da borracha quanto dos cortes mais recentes produzidos pelos Hi-Merimã. Trata-se, portanto, da sobreposição de vestígios na casca de uma mesma árvore, gerando uma estratigrafia[66] própria à arqueologia das matas e das plantas.

Os Wyrapara'ekwara agem de modo semelhante em relação às árvores de caucho (*Castilla ulei*) em seu território, mas com outro propósito. Diferentemente do látex da sorveira, que se solidifica em poucos minutos ao entrar em contato com a atmosfera, o látex do caucho sai lentamente de seu tronco e forma, ao longo de dias, pedaços de goma elástica. Durante suas caminhadas de caça e coleta, os Wyrapara'ekwara vão ferindo as árvores de caucho e fazendo-as produzir essas gomas para, posteriormente, retornar a esses mesmos locais e fazer sua coleta. A resina semissolidificada do caucho é inflamável, e os indígenas a utilizam para alimentar chamas ou produzir fogueiras. Isso faz com que os cortes nos cauchos sejam vestígios muito abundantes no território desses indígenas.

A ampla utilização, incorporada ao conhecimento botânico de povos pertencentes a contextos etnográficos distintos, por vezes resulta em vestígios diferentes de uso de uma mesma espécie. É o caso do guanandi ou bacuri (*Symphonia globulifera*), do qual os indígenas extraem uma seiva amarelada, matéria-prima da resina empregada como cola na fabricação

---

66. Estratigrafia é um conceito-chave para a prática e a teoria arqueológicas modernas. Técnicas atuais de escavação são baseadas em princípios estratigráficos. O conceito deriva do princípio geológico de que a sedimentação ocorre de acordo com regras uniformes, assim como os processos de cura e crescimento das árvores e a sucessão ecológica nas florestas.

Symphonia globulifera manejada pelo senhor Albertino Tenharin, 2017.

de zarabatanas e no acabamento de fibras e linhas. Nesse caso, por mais que seu uso entre os povos seja semelhante, o vestígio produzido pela coleta da seiva é distinto. Os Suruwaha e os Hi-Merimã, por exemplo, golpeiam o tronco das árvores para que a seiva saia livremente. Uma vez em contato com o ar, ela se solidifica. De tempos em tempos, os indígenas retornam às árvores a fim de coletar os pedaços de resina para, em seguida, processá-los. Trata-se de uma técnica semelhante à aplicada pelos Wyrapara'ekwara na extração da borracha do caucho.

Já alguns povos Tupi Kagwahiva, a exemplo dos Juma e dos Tenharin, extraem a seiva do guanandi através da abertura de sulcos na casca das árvores, gerando vestígios semelhantes aos do extrativismo típico da seringueira.

É rica a bibliografia que aborda o manejo indígena de espécies como a mangabeira[67] (*Hancornia speciosa*) e a seringueira na fabricação de bolas e ligas de borracha, empregadas para fazer tochas ou prender o fogo quando a madeira está úmida. O certo é que, independentemente do uso que os povos indígenas fazem do látex dessas espécies, o manejo dessas árvores deixa características que precisam ser devidamente observadas no monitoramento dos territórios indígenas.

Há também vestígios semelhantes relacionados a usos distintos de uma mesma espécie. É o caso do gênero *Hymenaea*, do qual fazem parte os jatobás e os jutaís. A exemplo de muitas árvores de regiões temperadas, o câmbio vascular dessas espécies entra num tipo de dormência nos períodos de estiagem, sendo reativado com o retorno das chuvas. Durante essa reativação, os tecidos vegetais absorvem água e se expandem. Em consequência desse processo, a casca (tecido externo ao câmbio vascular) é facilmente desprendida.

Por métodos próprios, os indígenas destacam seções inteiriças da casca dessas árvores para construir abrigos, embarcações e recipientes de uso doméstico. A técnica consiste em um corte no tronco das árvores circunscrevendo o formato desejado. Após esse procedimento, basta golpear com a ajuda de um porrete todo o interior do corte. Aos poucos, a casca se soltará completamente. Por vezes, quando se pretende destacar seções para construir embarcações e abrigos, é comum a instalação de andaimes junto ao tronco dessas árvores, de modo a alcançar toda a superfície que se quer extrair. As canoas dos Suruwaha e os pilões ("despolpadeiras" de frutos de palmeiras) dos Hi-Merimã são confeccionados a partir da casca dessas árvores. Nesses casos, embora a extração da casca atenda a propósitos diferentes, o vestígio

---

67. Os vestígios decorrentes do manejo das mangabeiras são relevantes para monitorar os fragmentos de cerrado habitados por povos indígenas em isolamento, a exemplo dos Avá-Canoeiro, da Ilha do Bananal, dos Awá-Guajá, do Maranhão, e dos povos da TI Massaco.

Desenho talhado na casca de um jatobá por grupo indígena isolado Kagwahiva, 2015.

é muito semelhante, caracterizado por uma cicatriz profunda em formato geralmente retangular ao longo do tronco.

Os jatobás são árvores singulares. Encontrar um deles durante uma expedição é sempre um grande acontecimento. Quando observamos sua casca, ela parece ter crescido mais rapidamente do que os tecidos internos de seu câmbio vascular. Isso gera a impressão de que seu tronco é formado internamente a partir de gomos compactados, semelhante a uma árvore em derretimento, para usar uma imagem inspirada pelo surrealismo de Salvador Dalí. Por vezes, a casca se rompe naturalmente, criando grandes sulcos nos troncos e galhos[68].

Ao que tudo indica, os jatobás parecem produzir muito mais resina do que necessitam, de modo que, nos locais de seus ferimentos, é possível constatar acúmulos dessa seiva solidificada: é o chamado breu do jatobá. Inflamáveis, esses breus são utilizados pelos povos indígenas para alimentar a chama das tochas em deslocamentos noturnos e produzir fogueiras. Trata-se de um item precioso para os povos da floresta. Ademais, a polpa farinácea de seu fruto, adocicada e com forte odor, é muito apreciada como

---

68. O modo de proteção da própria árvore contra o ataque de fungos e bactérias que venham a se instalar nesses ferimentos consiste em fechar as fendas expostas com resina. Com o tempo, a resina se solidifica, e a abertura na casca é selada.

alimento. Essas espécies não são atraentes apenas para os indígenas em seu cotidiano. Durante as expedições de monitoramento e localização, quando uma dessas árvores é encontrada em estágio de frutificação, aproveitamos para encher nossas bolsas com seus frutos, a fim de comê-los durante a construção do próximo acampamento.

A casca grossa do jatobá, por si só, é um atrativo para quem dele se aproxima. É comum observar cicatrizes nos troncos da espécie, criadas por pequenos golpes, aparentemente produzidos para averiguar e admirar a espessura da casca — que pode superar três centímetros em alguns casos. Essa casca faz dos jatobás verdadeiras telas nas quais os grupos indígenas imprimem seus símbolos e grafismos. A datação desses desenhos toma por base a presença de líquens e fungos sobre os entalhes, que dão forma a muitos dos desenhos encontrados nas florestas, já que a taxa de crescimento desses seres vivos segue padrões regulares que podem ser estimados com razoável precisão.

Canoas suruwahas feitas de casca de jutaí, 2018.

Atração e monumentalidade

Mateiro respeitado por sua experiência, Rogélio Nogueira Alves, também conhecido como Shell, participou nas últimas duas décadas de expedições em territórios de diferentes povos em isolamento na Amazônia: dos Hi-Merimã, no médio Purus, aos Korubo, no Vale do Javari; dos Awá-Guajá, no Maranhão, aos Avá-Canoeiro, na Ilha do Bananal. Nascido nas cabeceiras do rio Moaco, no município de Pauini, no sul do estado do Amazonas, Shell acompanhou a família, vinda do Ceará na década de 1950, no corte da seringa e da sorva, na pesca e no trabalho nos roçados. Muitas das reflexões sobre o mundo vegetal presentes neste livro nasceram do convívio com Shell pelas matas do Purus.

Certa vez, durante uma de nossas caminhadas, notei que ele observava determinada árvore. Ao me aproximar, ele disse: "É uma árvore bastante atraente, não é mesmo?", e permaneceu contemplando a árvore — circundou-a olhando para cima, para seus galhos, e então seguiu na caminhada. A reflexão que Shell faz sobre as árvores nos faz pensar que, por insuficiência epistemológica, a agência vegetal acabou relegada a um segundo plano analítico. Esse rebaixamento decorre da falácia que pressupõe a superioridade da vida animal em relação à vida das plantas. Na reflexão do filósofo Emanuele Coccia: "O animalismo antiespecista não passa de um antropocentrismo que interiorizou o darwinismo estendendo o narcisismo humano ao reino animal"[69]. Contudo, o que a agência vegetal ou, nos termos de Shell, a "atração" exercida pelas árvores revela é que as plantas são "atratores cósmicos", ou seja, "em vez de irem em direção ao mundo, atraem o mundo para si"[70].

Tal sagacidade das plantas é a inteligência do desejo, conforme mostram Natasha Myers e Carla Hustak na relação entre as abelhas e as orquídeas: "Para a flor, todo ser desejante pode ser uma promessa de viagem e disse-

---

69. Emanuele Coccia, *A vida das plantas*: uma metafísica da mistura. Florianópolis: Cultura e Barbárie, 2018, p. 12.

70. *Ibidem*, p. 98.

minação. A astúcia é isca, ou seja, desvio de um desejo que ela intensifica"[71]. Diferentemente das visões evolucionistas mais estreitas, não se trata de desacreditar as capacidades vegetais e suas possibilidades de interação, mas de desviar e renovar. Antes de ser uma história de enganos e ilusões, os truques e a sagacidade das plantas em atrair seus polinizadores revelam "a história da inteligência do desejo, uma história que mistura afinidades, sensualidades, prazeres — a alegria de estar vivo com os outros"[72], escrevem as pesquisadoras.

A relação das pessoas com suas plantas e roçados nas matas pode ser vista como um intercâmbio entre "gentes" de diferentes humanidades. Essa predisposição vegetal se expressa na criação de laços de parentesco e afinidade com as plantas, nas capacidades xamânicas que determinadas espécies detêm e na atração que elas podem exercer. Características visuais e sensoriais das plantas — como doçura ou amargor, cores, propriedades psicoativas, cheiro, entre outras — configuram uma relação de sentidos que permeia o manejo humano. Um exemplo é a "sedução" que a mandioca exerce sobre os Wajãpí, do Amapá, que utilizam suas propriedades inebriantes como bebida fermentada para estimular sua proliferação nos roçados, como ensina a etnóloga Joana Cabral de Oliveira[73]. As plantas das matas também podem ser atraentes, a depender de suas características fitoquímicas e do efeito que provocam. Algumas das espécies aqui mencionadas exercem atração como fonte de matérias-primas, outras como alimento, e outras ainda por sua natural monumentalidade.

Esse é outro conceito que emprestamos da arqueologia ao nos referirmos à construção de lugares significativos e persistentes a partir da influência de certas espécies arbóreas. Creio que, sem extrapolações excessivas, o conceito de monumentalidade possa ser transferido para espécies que,

----

71. Carla Hustak e Natasha Myers, *Le Ravissement de Darwin*: le langage des plantes. Paris: La Découverte, 2020, p. 11.

72. *Ibidem*.

73. Cf. Joana Cabral de Oliveira, A sedução das mandiocas, em: Beatriz Labate e Sandra Goulart (org.), *O uso de plantas psicoativas nas Américas*, Rio de Janeiro: Gramma/Neip, 2019.

seja por conta de suas dimensões colossais, seja por suas formas exuberantes e exóticas — ou, até mesmo, por conterem em si as memórias genealógicas e míticas de grupos indígenas —, despertam o olhar e a atenção de quem delas se aproxima. Sorveiras, por exemplo, destacam-se na paisagem por seu tronco quase perfeitamente cilíndrico e sua casca macia e lactescente. Há também as sumaúmas (*Ceiba pentandra*), que se sobressaem por suas dimensões, dotadas de sacopemas em forma de cavernas e labirintos. Cumarus (*Dipteryx odorata*) surgem na escuridão das florestas como torres douradas reluzentes, colocando à prova a resistência de qualquer machado que ouse desafiá-los. Castanheiras já são árvores indígenas, ostensivas e xamânicas por excelência. Por meio da análise e da intuição mateiras, as ações indígenas na mata atestam que esses monumentos naturais atraem e hipnotizam aqueles que adentram seu raio de influência. Os povos isolados se aproximarão delas assim como outros grupos indígenas ou não indígenas e, provavelmente, deixarão nelas ou em seu entorno vestígios de sua passagem. Quando avisto a copa de uma dessas gigantes de dentro de uma canoa, atraco a embarcação e vou até elas. Quase sempre encontro lá evidências do trânsito de pessoas que, assim como eu, foram atraídas àquele local.

A monumentalidade na Amazônia não se restringe à presença de edificações colossais ou templos suntuosos, mas abrange suas árvores, e é para elas que devemos nos voltar se quisermos conhecer suas histórias de atração e desejo.

134

A história humana inscrita no corpo das árvores

A arqueologia tem feito descobertas fascinantes acerca de alguns mistérios envoltos na construção dos templos e das enigmáticas pirâmides das grandes civilizações do passado. Talvez seja o momento de dividirmos um pouco da atenção que destinamos aos monumentos forjados nas rochas

Cicatriz ao longo do corpo de um velho pequizeiro, 2022.

e erguidos sobre pedras e argamassa com os monumentos vivos, que podem ter muito a dizer sobre um passado até mais distante da história da humanidade. É hora de redirecionar nosso olhar para o tempo das árvores e formular uma "estratigrafia inversa" que se desenvolva acima do solo das florestas.

Há diversas histórias humanas contadas pelas árvores. Na Austrália, muitos pinheiros Bunia (*Araucaria bidwillii*), por exemplo, apresentam marcas bem antigas em seus troncos, produzidas pelos povos aborígenes da região. Eles criaram sulcos profundos na casca dessa árvore, que serviam de apoio para a escalada e a colheita de enormes pinhas.

A exemplo dos nossos jatobás, os baobás de Madagascar também são telas nas quais os povos têm grafado seus símbolos ao longo de milhares de anos. Essas árvores também ostentam cicatrizes decorrentes da retirada de sua casca, pois delas os povos nativos da região extraem fibras para fazer fios, cordas para instrumentos musicais, linhas de pesca, cestarias, redes e armadilhas.

As sequoias gigantes da Califórnia ou o cipreste de Tule[74], do México, talvez tenham registros semelhantes nas profundezas de seus troncos gigantes. É certo que essas árvores guardam segredos milenares sobre os povos indígenas das Américas com os quais conviveram.

Para que afirmações como essas não sejam tomadas como especulações botânicas, tangíveis apenas ao

74. O cipreste de Tule (ou simplesmente "árvore de Tule") está localizado no município de Santa María del Tule, no México. Com idade estimada em mais de 2 mil anos, é uma das maiores árvores do planeta. Conhecida também como *Ahuehuete*, cipreste mexicano ou cipreste de Montezuma, é um *Taxodium mucronatum* da família Taxodiacea. Seu tronco tem 58 metros de circunferência e 14 metros de diâmetro, sendo considerada, assim, a árvore de tronco mais grosso do mundo.

Cicatrizes ao longo do corpo de um velho mulungu, 2022.

imaginário mateiro, convido o leitor a observar fenômenos triviais no cotidiano das cidades e das paisagens bucólicas, como os pregos afixados em troncos de árvores. Assim como os arames e cordas presos a elas, esses pregos são, ao longo dos anos, incorporados pelos tecidos vegetais no processo de crescimento e expansão dos troncos. Não são expelidos como se poderia imaginar, a exemplo de como reage o corpo dos animais.

São comuns relatos de serradores que danificam ferramentas ao tentar produzir tábuas do tronco de árvores de velhas capoeiras. Algumas dessas árvores, mais comumente as mangueiras, os jambeiros, os cajueiros, as castanheiras e as amendoeiras, incorporaram ao longo da vida diversos pregos, vergalhões e outros objetos afixados em seus troncos por quem as cultivou, por acreditarem que isso lhes traria maior produtividade de frutos. Por vezes, esses corpos estranhos são revelados subitamente durante os trabalhos de carpintaria e serragem, não sem uma dose de espanto e faíscas.

Em uma rápida pesquisa na internet, é possível encontrar fotos impressionantes de coisas incomuns parcialmente absorvidas por árvores, como pneus, garrafas, barras de ferro, cercas, bancos de praça e até bicicletas! Sobre o potencial que nossas viajantes (e guardiãs) do tempo teriam para recontar histórias humanas, as árvores podem ter incorporado projéteis de armas de fogo como rifles, espingardas e velhos bacamartes, ou dardos e flechas, caso esses não se decompusessem antes do processo de absorção pelo tronco por eles atingido. Também podem ter absorvido pequenas ferramentas de metal e líticas em diversos momentos da nossa história. Enfim, elas podem ter assimilado coisas inimagináveis ao longo de suas vidas longevas e que podem ser peça fundamental no quebra-cabeça de muitas pesquisas em curso.

Esqueçam por ora os pregos e os substituam por cicatrizes que podem estar no tronco das velhas árvores, como as originadas de golpes de terçados, espadas ou ferramentas líticas; de desenhos; da extração de fibras; de escadas talhadas; dos cortes para extração de mel; das marcas feitas por larvas de insetos ou pequenos mamíferos: tudo sedimentado no interior dos velhos troncos. Em muitas espécies de árvores do

138

Cipreste de Tule em Santa María del Tule, no México, 2022.

planeta, centímetros ou metros do interior de seus troncos representam décadas, séculos e milênios de história.

    É preciso reiterar que o xilema, grande parte da massa e do volume das árvores, não está vivo; logo, não se recupera. Os pequenos danos nesse tecido são recobertos, num primeiro momento, por uma camada de tecido vivo, o qual se converterá em infinitas camadas de tecido morto lignificadas até os últimos dias de vida da árvore. Nesse lento e silencioso processo, suas eventuais cicatrizes se tornarão cada vez mais ocultadas na profundidade íntima do corpo vegetal.

    Recentemente, pesquisadores descobriram um pau-brasil de mais de 600 anos no sul da Bahia. Que segredos ele esconderia sobre os tempos pré e pós-colonial da América do Sul? Não tenho dúvidas de que a ciência mateira cumprirá seu papel como elemento central de uma botânica forense, que responderá às inúmeras investidas contra os direitos dos povos nativos da nossa América — a exemplo da tese do Marco Temporal e de tantas outras falácias oportunistas e mal concatenadas. A ciência mateira ajudará a transcrever uma história dos povos nativos com a ajuda das árvores com as quais seus ancestrais se relacionaram mais profundamente — suas "espécies companheiras", como diria Donna Haraway.

Voltando para a Amazônia, temos os seguintes questionamentos: o que as cicatrizes da extração de enviras das castanheiras mais antigas do território zo'é podem nos contar sobre a chegada desse povo indígena na calha norte do rio Amazonas? Como a presença dos cajuís, cedros aguanos (consideradas árvores potencialmente agressivas pelos Jamamadi e pelos Hi-Merimã), pequiás e sorveiras (consideradas árvores-amigas pelos Hi-Merimã) influenciou

Samaúma no território hi-merimã, 2016.

a criação de rotas e a mobilidade dos Hi-Merimã no inter-flúvio Juruá/Purus?

Hoje sabemos que parte fundamental da nossa história foi escrita pelo idioma vegetal das grandes árvores. Precisamos garantir que elas resistam ao antropoceno e permitir que sigam como viajantes do tempo, torcendo para que passem a escrever sobre a mudança de paradigma alcançada por nossa sociedade — uma história que conte como nos reaproximamos das florestas e garantimos a proteção da vida das árvores, dos seres humanos, dos grandes animais e de todos os pequenos seres que aqui coabitam.

ATENTAR AOS CORPOS VEGETAIS[75]

Sobre gestos, vestígios e corpos

Os pés que fogem sulcam o solo. As mãos que passam quebrando galhos e caules fazem crescer árvores bifurcadas, cipós e ramos retorcidos. As cascas arrancadas deixam cicatrizes lignosas nos imensos corpos vegetativos. O fogo vira carvão. Sendas discretas formam varadouros.

Gestos impregnam os muitos corpos vegetais, terrosos e rochosos. Camadas de movimento se depositam em forma de paisagem. É assim que olhos atentos, comprometidos com uma coleta sistemática de vestígios, podem perceber aqueles que se refugiam nas matas

para garantir uma existência. A *ciência mateira* é esta, a que se debruça atentamente sobre as marcas de corpos em outros corpos.

O corpo é tema central na antropologia. Desde "As técnicas do corpo", texto escrito em 1934 por Marcel Mauss, moldar o corpo humano é ponto de interesse para compreender processos de constituição do mundo social. O corpo seria, conforme Mauss, "o primeiro e o mais natural instrumento do homem"[76]; assim, a técnica *emerge do* e *se dobra sobre* o corpo. O corpo torna-se esse ente que habita o meio entre Natureza e Cultura, sem fixar-se num ou noutro domínio de forma exclusiva — paradoxalmente dado e construído.

---

75. Meu agradecimento a Marisol Marini pelas conversas e comentários a uma primeira versão.

76. Marcel Mauss, As técnicas do corpo, em: *Sociologia e antropologia*, São Paulo: Edusp, 1974, p. 217.

Se inventariar as técnicas e os modos de moldar o corpo humano constituiu uma agenda de pesquisa na antropologia, para compreender a diversidade dos coletivos humanos, é a crítica feminista, em sua multiplicidade e diversas ondas, que passa a problematizar o corpo, tanto em sua forma como em sua agência.

Contribuições feministas sobre o corpo

É sabido que, num primeiro momento, as feministas precisaram travar uma batalha com o determinismo biológico, de forma a desfazer uma equação que estabelecia correlações necessárias entre qualidades fisiológicas de corpos com útero e posições e funções sociais. Nesse movimento, a ciência passou a ser um importante foco de análise desse campo de pensamento, uma vez que a ideia de corpo biológico emerge com a ciência moderna; ambos, ciência e corpo biológico, se coproduzem. Ao reificar a diferença entre corpos femininos e masculinos, a biologia levou a um momento do pensamento feminista marcado pela recusa à materialidade, configurando uma "fuga da Natureza"[77].

A recusa ao corpo biológico, a uma diferença dada na Natureza, teve como efeito colateral negligenciar o lugar do corpo na produção do saber científico, ecoando uma compreensão universalista de corpo humano e de sujeito cognos-cente. Isso nos leva a outra reação feminista, voltada à forma de produção do conhecimento — afinal, tal crítica apagava justamente os fundadores e principais sujeitos produtores da ciência moderna, que arrogavam a si um ponto de vista de Deus, de lugar algum, e que por isso mesmo se dizia objetivo. Ao apontar a relevância dos corpos e da materialidade na produção do conhecimento, Donna Haraway[78] e Patricia Hill Collins[79] destacam como gênero e raça importam na constituição do saber, sobretudo na ciência histórica e socialmente forjada por homens brancos europeus. Tanto a filósofa como a socióloga nos ensinam que não há sujeito absoluto, constituído por um corpo universal.

Haraway afirma a potência dos saberes localizados, sendo a parcialidade uma força, e não um demérito do conhecimento. Algo que é ecoado por outras autoras feministas, como Deboleena Roy e Banu Subramaniam: "Natureza e cultura não são separadas, o feminismo não precisa se opor às ciências, e a matéria não é oposto binário ao texto"[80]. É por esse caminho que Haraway propõe uma nova objetividade, apoiada na explicitação das marcas de quem produz conhecimento:

---

77. Stacy Alaimo, *Undomesticated Ground*: Recasting Nature as Feminist Space. Ithaca, NY: Cornell University Press, 2000.

78. Donna Haraway, Saberes localizados: a questão da ciência para o feminismo e o privilégio da perspectiva parcial. *Cadernos Pagu*, n. 5, p. 7-41, 2009 (on-line).

79. Patricia Hill Collins, Aprendendo com a *outsider within*: a significação sociológica do pensamento feminista negro. *Revista Sociedade e Estado*, v. 31, n. 1, p. 99-127, 2016 (on-line).

80. Deboleena Roy e Banu Subramaniam, Matter in the Shadows: Feminist New Materialism and the Practices of Colonialism, em: Victoria Pitts-Taylor (org.), *Mattering*: Feminism, Science, and Materialism, Nova York: New York University Press, p. 23-42, 2016.

"uma doutrina de objetividade corporifica-da, capaz de acomodar os projetos científicos feministas críticos e paradoxais: objetividade feminista significa, simplesmente, saberes localizados"[81]. É preciso fazer ver os vestígios de quem conhece.

Foi nesse movimento que uma série de autoras passou a buscar uma reconciliação com o corpo fisiológico, ressaltando a materialidade na constituição de sujeitos específicos. Para tanto, materialidade e corpo não são tomados como dados, como natureza transcendente moldada pela cultura: corpo é processo, e não produto; e a matéria faz, é feita e refeita na práxis[82]. A crítica feminista se volta não ao bios, mas ao logos, ou seja, ao modo como o corpo foi conhecido e conformado pelas ciências modernas[83]. Não se rejeita mais a materialidade, mas o modo como ela foi aprisionada em um dado processo de conhecimento. Tal crítica é levada a cabo, e com potência, especialmente por autoras com formação nas ciências naturais. Elas passam a ocupar esse campo de produção do conhecimento científico por meio de alianças com outras disciplinas, como estratégia de ação política e epistemológica.

Às feministas devemos a compreensão de que não há corpo universal. É preciso historicizar e situar os corpos a cada vez. Não há corpo ou matéria que possa ser compreendido fora de seu contexto. Assim, faz-se fundamental atentar para a materialidade em sua ecologia.

Além do humano

Nos últimos tempos, a antropologia tem se voltado para o que não é disciplinarmente de sua alçada, ou seja, o que não é o antropos[84]. Diante da constatação da centralidade de plantas, animais, astros e aspectos do relevo na vida comunitária e social, é crucial que as análises antropológicas descentrem o humano e/ou façam o antropos querer dizer outra coisa que não uma unidade autocontida e homogênea. A ideia, aliás, de que o humano é excepcional por ser a única espécie dotada de linguagem, cultura e racionalidade não é compartilhada por muitos povos ao redor do mundo. Mas não é preciso ir longe. Basta escutar as palavras de Ailton Krenak[85] e Davi Kopenawa[86], lideranças dos povos Krenak e Yanomami, respectivamente, para nos

81. Donna Haraway, 2009, *op. cit.*, p. 18.

82. Karen Barad, Jorge Felipe Marçal e Thiago Ranniery, Performatividade *queer* da natureza, *Revista Brasileira de Estudos da Homocultura*, v. 3, n. 11, p. 300-46 (*on-line*); Marisol Marini, O que podem nossos corpos?, dossiê Saúde e Cultura, Fronteiras e Intersecções, *Revista do Centro de Pesquisa e Formação*, n. 10, p. 201-15 (*on-line*); Annemarie Mol, *The Body Multiple* (cap. 1 a 3), Durham: Duke University Press, 2002.

83. Deboleena Roy e Banu Subramanian, 2016, *op. cit.*

84. Anna L. Tsing, *O cogumelo no fim do mundo*, São Paulo: n-1, 2022; Thom van Dooren, Eben Kirksey e Ursula Münster, Estudos multiespécies: cultivando artes de atentividade, dossiê Incertezas, *ClimaCom Cultura Científica*, v. 3, n. 7, p. 39-65 (*on-line*); Donna Haraway, *Ficar com o problema*, São Paulo: n-1, 2023.

85. Ailton Krenak, *Ideias para adiar o fim do mundo*, São Paulo: Companhia das Letras, 2019.

86. Davi Kopenawa e Bruce Albert, *A queda do céu*, São Paulo: Companhia das Letras, 2015.

defrontarmos com a crítica de como nossa filosofia de raiz iluminista permite ao ser humano ter uma postura soberba sobre o mundo, visto como recurso natural e, por isso, passível de exploração desmedida — o que configura a base da nossa atual crise socioclimática. Retirar o humano do centro e/ou explodir sua delimitação dada pela pele é desfazer nossa triste condição de solidão em um mundo mudo, formulação essa que se torna urgente.

Nesse caminho, um passo fundamental é atentar para outros corpos em sua materialidade relacional. Ao debruçar-se sobre os corpos vegetais, notando suas particularidades de crescimento, textura, forma e movimento, a ciência mateira coreografa os movimentos feministas com uma antropologia para além do humano. Mas a ciência mateira não faz isso sob a genialidade de um ecólogo e mateiro sabido — afinal, isso seria retomar os passos de um pensamento fundado na figura do herói, típico da narrativa patriarcal que ignora os gestos do possível primeiro ato social e alimentar: o de coletar um fruto, um tubérculo ou um grão e colocá-lo em uma bolsa[87].

A ciência mateira opera por alianças. Alia a ecologia e a fisiologia vegetal a outros modos de conhecimento, a saberes de povos que riscam suas sendas e coabitam a floresta com muitos moradores. Neste livro-bolsa, aprendemos como coletar vestígios de corpos vegetais e humanos que se entrelaçam. Troncos bifurcados ao largo de um varadouro; restos de carvão em uma pequena clareira; um pé de *Casimirella ampla* cavoucado; restos de folha de palmeira trançada; galhos retorcidos à altura das mãos em um caminho; envireiras com cicatrizes em sua casca... Se corpos são porosos e não delimitados pela pele, como sugere Haraway[88], vemos como vegetais e humanos se interpenetram e já não são mais só humanos ou só vegetais. Os vestígios nos contam as pequenas histórias desses encontros que exigem outra atenção aos corpos e um compromisso com os saberes de outros sujeitos. Eis a proposta de uma ciência mateira que nota e provoca o gesto da coleta e da coleção.

---

87. Ursula K. Le Guin, *Teoria da bolsa de ficção*, São Paulo: n-1, 2021.

88. Donna Haraway, Manifesto ciborgue: ciência, tecnologia e feminismo-socialista no final do século XX, em: Donna Haraway, Hari Kunzru e Tomaz Tadeu (org.), *Antropologia do ciborgue*: as vertigens do pós-humano, Belo Horizonte: Autêntica, 2009, p. 33-118.

Notas botânicas de um contato

4.

Quando nos conhecemos, Daniel contou pra mim sobre o meu povo. Sobre a minha família que ainda está na mata. Me contou como fazemos o patuá e tiramos a goma da batata. Uma batata grande que temos. Era como se ele tivesse estado lá com minha família e por isso pudesse entender como vivemos. Mas ele afirmava que nunca via os Hi-Merimã, nunca se aproximava. Que eu era o primeiro Hi-Merimã que ele conheceu. Não entendia como era possível. Era como se ele pudesse ver, mesmo nunca tendo estado com eles. Enquanto falava sobre nossos acampamentos e nosso modo de viver, vieram muitas lembranças. Me lembrei de muita coisa. Coisas boas e ruins. Dos conselhos recebidos da minha mãe; do meu pai se preparando para caçar, das nossas pescarias. Mas também [de] quando encontramos os brancos e adoecemos. Depois de um tempo, eu pude voltar. Participei também de uma expedição no território dos Hi-Merimã, lá onde nasci, lá onde tudo aconteceu. Pude eu mesmo ver os vestígios do meu povo. Ainda estão lá. Foi como se eu também estivesse lá novamente. Foi como se eu tivesse voltado para a minha família. Aí consegui entender como é possível. Os vestígios são como uma memória, uma lembrança muito forte. Eu também pude ver, mesmo que minha família não estivesse novamente comigo.

> Quando, porém, o encontro acontece,
> ele é avassalador e, por que não dizer, sagrado.
> E assim, se encontro for, ele nos dá asas, nos
> permite mirar o futuro, o que está por vir, o que
> podemos vir a ser. Mostra-nos que há caminhos,
> por mais perdidos que estejamos.
>
> NURIT BENSUSAN

Ainda são escassas as informações acerca dos povos indígenas isolados na América do Sul. Mesmo atualmente, os referenciais bibliográficos disponíveis encontram-se, em sua maioria, orbitando debates sobre os sistemas de proteção e as políticas públicas orientadas a esses povos — muito embora saibamos pouco sobre eles. Como mencionado, a categoria oficial de "isolados", usada para se referir a esses povos na política indigenista, não abrange a pluralidade das experiências históricas próprias ao processo de isolamento e recusa duradoura ao contato — seja com outros povos indígenas, seja com os não indígenas. Muitos desses povos em isolamento viveram episódios traumáticos de contato, invariavelmente marcados por epidemias, violência de toda sorte e escravização. Essas histórias, no entanto, acabam soterradas pelo peso e pela incompreensão que a noção de isolamento enseja.

Produzir etnografias sobre esses povos indígenas ainda representa um desafio para a etnologia, tendo em vista que o modo "clássico" — mas não o único — de se obter dados nessa ciência se faz pela relação direta entre aqueles que pesquisam e seus interlocutores indígenas. No artigo "Me deixa em paz!", publicado em 2011[89], o etnólogo Peter Gow apresenta uma

89. Peter Gow, Me deixa em paz!, *Revista de Antropologia*, v. 54, n. 1, p. 11-46, 2011.

estratégia de superação das limitações metodológicas impostas sobre esse ambiente investigativo. Em seu trabalho, Gow produziu dados etnográficos acerca dos Mashco Piro, grupo isolado da Amazônia peruana, por meio de relatos escritos e do levantamento de informações junto aos Piro (Yine) sobre seus parentes isolados. Conforme esclarecido, o registro e a análise de relatos de contato entre povos isolados e seus vizinhos também são utilizados por indigenistas, a fim de qualificar suas ações de proteção territorial. Acrescento que outras soluções e estratégias podem ser elaboradas se nos dispusermos a quebrar paradigmas metodológicos, deslocando o foco (muitas vezes limitante) de nossa atenção das pessoas para suas florestas, de modo que vislumbremos oportunidades e não obstáculos nesse universo do isolamento.

Para além do conhecimento prévio dos mateiros indigenistas, que permite que eles leiam corretamente os vestígios nas expedições de monitoramento e localização, os dados botânicos subsidiam a análise e a interpretação tanto da bibliografia sobre o meio etnológico investigado quanto dos relatos dos habitantes do entorno dos territórios por onde transitam os grupos indígenas em isolamento.

Como cada circunstância etnográfica é revestida de singularidade fitofisionômica, a investigação dos modos de vida e das estratégias de sobrevivência adotadas por esses povos, mais a relação deles com seu ambiente e suas plantas, passa necessariamente por diferentes elementos de pesquisa. Relatos de encontros fortuitos com os povos isolados na floresta ou formulados a partir da experiência acumulada no convívio com os vestígios nos territórios compartilhados, ou mesmo histórias do passado que se vinculam a esses grupos antes ou depois de sua decisão pelo isolamento, quando registrados e analisados cuidadosamente, podem servir para a qualificação de estratégias e para o apoio às tomadas de decisão em ações de cunho protecionista.

A ciência mateira surge como um aporte metodológico basilar à etnologia, permitindo que esta amplie suas possibilidades de acesso aos povos indígenas isolados — não diretamente, é claro — por meio do que as plantas e as florestas nos revelam de forma tão eloquente sobre esses povos amazônicos.

Os Hi-Merimã

Os Hi-Merimã, povo indígena atualmente em isolamento que habita a TI homônima na região do médio rio Purus, no Amazonas, mantiveram intensos contatos com os povos indígenas do seu entorno até, pelo menos, 1960. Relatos jamamadi, povo indígena com o qual alguns grupos Hi-Merimã corresidiam, dão conta de que ambos os povos compartilhavam um mesmo calendário agrícola e ritual, participavam de festas pubertárias e mantinham intensos laços de parentesco. Foi com o assentamento permanente dos não indígenas nas terras da região, notadamente seringueiros, gateiros[90] e regatões, que a história comum da constelação dos diversos grupos arawá converteu-se em episódios de evitação e afastamento. Conforme explica a etnóloga Karen Shiratori[91], tal cisão reconfigurou a organização e as dinâmicas sociocosmológicas nesse âmbito etnográfico: os sobreviventes das malocas assoladas pelas sucessivas epidemias e pelos massacres promovidos por patrões acabaram por se juntar a outros grupos arawá

90. Caçadores e comerciantes de pele de felinos, conhecidos regionalmente como "gatos".

91. Cf. Karen Shiratori, *O olhar envenenado*: da metafísica vegetal jamamadi (médio Purus, AM), tese (doutorado em Antropologia Social) — UFRJ, Rio de Janeiro, 2018.

Cesto hi-merimã, 2013.

que, posteriormente, foram reconhecidos sob o etnô-
nimo Jamamadi.

Desse cenário, emergiram realidades distintas: de
um lado, a recusa hi-merimã ao contato; de outro, as transformações políticas, sociais e territoriais com as quais os
Jamamadi passaram a lidar depois da invasão permanente
de seu mundo. O processo de aglutinação ocasionado pela
ação de patrões e de grupos missionários proselitistas (sob
a anuência, o respaldo ou a inação do Estado) reuniu parte
dos remanescentes desses grupos em aldeamentos maiores,
a exemplo da aldeia São Francisco, na TI Jarawara/Jamama-
di/Kanamati, e da aldeia Maloca, na TI Banawá.

Um encontro no alto Canuaru

Antes da homologação da TI Hi-Merimã, em 2005, a região
também era ocupada por famílias de seringueiros (e patrões seringalistas), muitas das quais haviam migrado do
Nordeste quase um século antes. Algumas tinham suas
"colocações" próximas às áreas de circulação indígena e,
não raro, as trilhas de ambos se cruzavam, ocasionando
encontros imprevistos. A convivência em um território que
passou a ser compartilhado baseava-se na desconfiança
mútua que impunha o distanciamento e a vigilância permanente das movimentações de cada grupo. Tentar manter
distância dos indígenas não era uma alternativa para essas
famílias que trabalhavam desprovidas de liberdade nas
estradas das seringas.

A narrativa a seguir, coletada em 2015, reflete a complexidade dessas dinâmicas territoriais. O encontro entre o
senhor Domingos e seu irmão, moradores da comunidade
Apaã, com as três mulheres Hi-Merimã no igarapé Canuaru
nos faz acessar alguns aspectos da vida em evitação e da
suspeição recíproca.

No trecho, proponho uma análise dos eventos em
notas que demonstram a centralidade das plantas para a
compreensão dos fatos narrados. Essas notas, presentes no

encarte anexo a este livro, podem ser lidas junto aos trechos do relato, de modo a aproximar essas diferentes vozes. Mas ambos os textos podem ser lidos separadamente, sem prejuízo para sua interpretação. As notas foram elaboradas com base em dados historiográficos, etnográficos e botânicos, bem como em informações obtidas junto aos povos indígenas e ribeirinhos do entorno. Somam-se a elas ainda os dados provenientes das expedições de monitoramento do território hi-merimã que coordenei na última década.

Com a palavra, senhor Domingos

O encontro com as índias aconteceu há quase quinze anos. Nesse tempo, meu irmão Carlinhos ainda era vivo. Sei que o encontro foi na véspera do Dia de Finados, já que eu e o Carlinhos — Antônio Carlos de Souza, *in memoriam* — havíamos subido o igarapé para acendermos uma vela onde nosso pai está enterrado, em nossa antiga colocação nas cabeceiras do Canuaru, o São Raimundo. Estava muito seco. Subimos num casquinho[92]. Era final de outubro. O inverno[93] ainda não havia começado. Nosso rancho[94]

era apenas um pouco de farinha, já que pretendíamos passar pouco tempo lá pra cima. Saímos cedo do Apaã. **[NOTA 1]**

Remamos por dois dias seguidos. Dormimos na primeira noite na boca[95] do Vara. Na noite do segundo dia, alcançamos a boca do Zé Ribeiro. Corria pouco o Canuaru. Muito seco. Paramos apenas para mariscar, quando a gente topou um poço com matrinxã[96]. Desse ponto em diante estava muito seco e havia muito, muito balseiro[97]. Logo cedo, no terceiro dia, puxamos o casquinho em terra e seguimos a pé. Fomos margeando o Canuaru pelo seu lado esquerdo, mesmo lado

---

92. São regionalmente conhecidas por cascos as canoas confeccionadas a partir da escavação do tronco de uma árvore. A fabricação dos cascos consiste em intercalar processos de queima e escavação do tronco utilizando enxós e cunhas até que se obtenha a canoa (uma peça inteiriça) no formato pretendido. Itaúba (*Mezilaurus itauba*) e Jacareúba (*Calophyllum brasiliense*) são algumas das espécies utilizadas no médio Purus para esse fim.

93. O inverno amazônico é considerado o tempo das chuvas, período do ano que vai de dezembro a maio.

94. Expressão regional utilizada para se referir aos suprimentos alimentícios de um período. "Fazer o rancho" equivale aqui a "fazer a feira".

95. O mesmo que foz.

96. Peixe do gênero *Brycon*, habitante dos igarapés na Amazônia.

97. Balseiro diz respeito às árvores caídas no solo da floresta ou no interior dos igarapés.

onde havíamos acampado na noite anterior. Logo cedo, nas primeiras horas do dia, começamos a ver peixes mortos descendo o igarapé. Sabíamos que os índios haviam batido timbó dali pra cima. **[NOTA 2]**

Após algumas horas de caminhada, saímos no varadouro dos índios. Era um varadouro novo e cheio de quebradas. Era uma vareda[98] de menos de uma semana. O caranaí estava só deitado, pisado. Os cortes de pau eram feitos com machado cego. Convenci o Carlinhos a seguirmos pelo varadouro dos índios para ganhar tempo na caminhada, já que o caminho já estava pronto, não precisava cortar. Carlinhos estava um pouco receoso, mas sabíamos que não tinha problema. Esses índios dali nunca mexeram com a gente no tempo todo morando aqui. Seguimos rápido e atentos, sem fazer barulho. **[NOTA 3]**

Perto do meio-dia, encontramos um acampamento abandonado. Nele havia vários moquéns, seis tapires e rabos de jacu. As palhas que usaram nesse acampamento eram de patauá, bacaba e bananeira-brava. Avaliei que o acampamento tinha um mês aproximadamente. Foi o acampamento onde os índios bateram o timbó. Havia muito resto do cipó ainda. Tinha peixe morto encostado numa camboa[99]. Peixe morto no igarapé também. Nesse ponto, o Canuaru quase não corria mais, de tão seco. **[NOTA 4]**

154

No acampamento havia restos de queixada, caititu e anta. Deixamos o acampamento dos índios e seguimos pelo varadouro. Do acampamento pra frente, subindo o igarapé, o caminho estava muito novo. Dava pra ver que os índios haviam passado por ali no dia anterior. Seguimos mais devagar e em muito silêncio. Em determinado ponto, o varadouro saía da beira do Canuaru e seguia *pro* centro da terra. Paramos nesse ponto. Dali era possível ouvir os índios. Eles estavam a menos de cem metros pra frente. Faziam muita *zoada*. Falavam e riam alto. Desse ponto em diante deixamos o varadouro deles e seguimos nosso rumo pelo outro lado do Canuaru. Seguíamos devagar e em completo silêncio. Aqui e acolá, víamos uma quebrada nova. Eles estavam andando bastante por toda a região. Depois de pouco tempo de caminhada, Carlinhos parou de repente. Ele, que seguia na frente, avistou os índios. Na realidade, eram três mulheres e um menino. Elas não nos viram no primeiro momento. Estavam envolvidas escavando o pé de uma batata. Nesse momento, tentamos ficar calmos e agir com cautela. Tiramos os cartuchos das espingardas e as escoramos no toco de um pau, longe da vista das mulheres. Ficamos ainda por algum tempo vendo-as escavando a batata. Elas utilizavam uma espátula grande e um machado muito mal encabado. **[NOTA 5]**

De repente, as mulheres se levantaram, conversaram algo entre si e vieram em nossa direção. Elas não aparentavam ter medo algum. Recordo-me de algumas de suas características. O menino tinha no máximo uns dois anos, a mulher mais velha tinha por volta dos 50 anos e as

---

98. Varedas, veredas ou varadouros são caminhos e atalhos que atravessam a selva; são em geral estreitos, percorridos apenas em fila indiana.

99. Camboas são poças que se acumulam nas margens dos rios e igarapés em decorrência das vazantes desses cursos d'água.

duas moças mais jovens tinham por volta de 20 a 30 anos de idade. Tanto o menino quanto as três mulheres tinham a pele mais branca do que as Jamamadi que conheço. Acredito que a moça de 20 anos era a mãe do menino. Esse parecia não ter nenhum corte de cabelo ainda, estava nu e aparentava ser bem saudável. Pele muito lisa e gordinho. Tinha algum dente já. Não foi para o chão nenhuma vez enquanto esteve próximo de nós. Quando saiu do colo da senhora mais velha, passou para a mulher mais jovem que aparentava ser sua mãe. Digo isso pois, quando a senhora passava perto dessa mulher, o menino se esticava para passar a mão nos cabelos dela, e seus seios estavam bem inchados, como se estivessem amamentando ainda. O cabelo dela, o da moça mais jovem, era bem curto. Bem curto mesmo. Como nosso cabelo de homem. Usava uma saia feita de envira que tapava só na frente. Com amarradinho de matamatá dos lados. Mas era larga e comprida. Tapava bem a frente. Nenhuma amarração no corpo, nenhum colar. Usava um brinco que parecia ser feito de canela-de-velho, pouco mais fino que um dedo, de uns dez centímetros de comprimento. No beiço, tinha mais um pauzinho de canela-de-velho que chegava a passar do queixo. **[NOTA 6]**

Ela era gordinha, troncudinha, como as Jamamadi. Tinha na região dos seios até os ombros tudo pintadinho. Umas rodinhas roxas. Dava para perceber que, se lavasse, saía. Tinha acabado de se pintar. Acho que era tintura de *chini panga* ou fruta-roxa. Lembro de ter visto as Jamamadi se pintarem assim no passado. Mas elas tinham os quartos largos e as pernas roliças, diferen-

tes das Jamamadi. Pele bem clara mesmo. Tinham os lábios pintados de roxo também. Olho puxado, cara redonda e tinham todos os dentes. A outra moça, a que parecia ter uns 30 anos, era bem quieta. Talvez estivesse mais receosa com a gente. Parecia com a moça mais jovem. Cabelo curto, mesma saiazinha, mesmo brinco e um pauzinho abaixo do beiço. Também era gordinha, mas sem as pinturas no corpo e mais clara que as Jamamadi. Os lábios dela também estavam pintados de roxo e ela tinha todos os dentes. A senhora mais velha tinha umas enviras de matamatá amarradas na canela e nos dois braços. Além dos brincos e do beiço com a canela-de-velho, ela também tinha um no nariz, varando de um lado para o outro, de uns quatro dedos de comprimento. Era mais magra que as demais. Também tinha o cabelo curto e começando a aparecer fios de cabelo branco. A ela faltava os dentes da frente. Era ela quem segurava a criança no colo com uma envira quando as encontramos, e foi ela quem teve a iniciativa de se aproximar e conversar com a gente.

Ela apontou para a matrinxã que Carlinhos vinha trazendo na mão e disse: *atixã* (ou *atxã*). Ela repetiu essa palavra algumas vezes. Disse depois algumas coisas apontando para as espingardas que estavam escoradas no tronco. A mulher mais velha se voltou para mim e tocou o meu braço. Enquanto isso as mulheres mais jovens ficaram caladas, observando tudo. Vi que a mulher levou a mão à boca. Acho que experimentou o meu suor. Após isso, a mulher recuou um pouco e continuou a conversar e a gesticular sozinha, por quase dez minutos.

Tomei a iniciativa de seguir até onde as mulheres estavam tirando a batata. As mulheres me seguiram. Carlinhos veio de derradeiro. Peguei o pau que elas estavam utilizando e as imitei, escavando com ele. A mulher mais velha entregou o menino para uma das moças, pegou o machado e começou a cortar as raízes ao redor da batata. Usava o machado como se fosse uma enxada. A lâmina do machado era bem nova, porém estava cega, sem gume, e encaixada em um pau todo torto. Arrancamos a batata da terra e a puxamos *pro* limpo. Era muito grande para elas carregarem. Tirei meu terçado da bainha, fiz menção de cortar a batata ao meio e olhei para as mulheres. Não falaram nada. Achei que aprovaram minha iniciativa. Rolei a batata em duas bandas. Tirei umas enviras num matamatá próximo dali e entreguei para a mulher mais velha. Ajudei-a a amarrar os dois pedaços da batata. Estava tudo tranquilo. A mulher mais jovem cantarolava baixo uma música deles enquanto dava o peito para o menino. A outra ficou em pé, próxima a mim, apenas olhando e conversando coisas com a mulher mais velha. Carlinhos ficou sentado um pouco afastado, apenas olhando pra gente. Depois de algum tempo de silêncio, as mulheres voltaram a conversar entre si. Uma delas, a mais jovem, que não amamentava, pegou um dos pedaços da batata, colocou a envira na testa e seguiu pelo caminho que havíamos feito para chegar até ali. Carlinhos acenou para mim. Disse para seguirmos nosso caminho também.

Pegamos nossas espingardas, nosso peixe e seguimos nosso caminho margeando o Canuaru. As mulheres nos seguiram durante alguns minutos. O outro pedaço da batata ficou no chão. Em dado momento, elas conversaram. A moça que estava com a criança decidiu voltar também. A mulher mais velha fez gestos pra gente. Acho que queria que nós as acompanhássemos para o local onde estava o restante do grupo dela, na mesma direção de onde havíamos ouvido a *zoada* dos índios conversando um tempo atrás. Apontei para o sol e acompanhei com a mão o seu movimento. Tentei explicar para ela que a gente ia baixar[100] em três dias. Seguimos nosso caminho. Após alguns minutos, percebemos que a mulher nos acompanhava. Ela nos acompanhou por muito tempo. Às vezes ela ficava pra trás. Quando encostava na gente de novo, vinha carregando umas ramas e folhas. Teve uma hora que ela estava toda pintada. Tinha a boca e as mãos pintadas com a tinta roxa. **[NOTA 7]**

Não estávamos entendendo o porquê de a mulher nos seguir. Decidimos então parar para acampar. Ainda era cedo. Pouco mais de uma hora da tarde. Carlinhos foi tratar[101] a matrinxã. Eu acendi o fogo. A mulher ajudou a limpar o local do acampamento. Ela quebrou umas palhas de açaí novo com as mãos e fez uma cama pra ela no chão. "Tirei o chapéu" pra facilidade com que ela quebrou aquilo com apenas uma das mãos. Dobrou, fez um torcido diferente e arrancou a palha com muita facilidade. Quando o peixe ficou

---

100. Seguir rio abaixo.

101. Preparar o peixe: retirar escamas, vísceras e remover as espinhas.

156

pronto, ela tirou outras palhas e forrou o chão. Carlinhos não salgou o peixe. Colocou o peixe assado em cima da palha. Colocou próximo de nós o sal e a farinha e começou a se servir. Ela não pegou o sal, mas comeu o peixe com um pouco de farinha. Não comia farinha como a gente, ela colocava um pouco sobre o pedaço antes de comer, bem devagar, como se não conhecesse farinha.

Depois de almoçar, decidimos seguir nosso rumo. A mulher continuou a nos seguir. Andamos mais umas três horas. A essa altura já estávamos preocupados com a mulher acompanhando a gente. Encontramos um tapiri velho de branco[102] e decidimos acampar por ali. Já não estávamos tão longe do São Raimundo, nossa antiga colocação. Caso ela decidisse voltar pro acampamento dela, ainda dava tempo — a gente pensou. Mas ela quis ficar por ali mesmo. Arrumamos o lugar com a ajuda da mulher. Cheguei a oferecer a minha rede, mas ela não aceitou. Ela preparou o seu próprio rabo de jacu e forrou o chão com umas palhas de jarina[103]. Fizemos um fogo. Em dada hora, sentei na rede e comecei a tirar uns espinhos do meu pé com o terçado. A mulher se aproximou e começou a tirar uns espinhos do próprio pé. Ela me mostrou um ponto do pé dela. Queria a minha ajuda com o terçado. Aí tirei alguns espinhos grandes do seu pé.

Nos banhamos no igarapé. Ela não se banhou. Jantamos outra matrinxã. Teve uma hora que ela fez um recipiente com palha de caranaí[104] e entregou pra gente. Carlinhos entendeu que ela queria água. Ele foi buscar e trouxe água para ela. Deitamos em nossas redes e ela ficou deitada em sua cama no chão. Por volta das dez horas da noite, Carlinhos me chamou e avisou que a índia havia ido embora. Havia dois tições do lado da cama dela. No dia seguinte, pela manhã, voltamos pelo caminho que havíamos feito no dia anterior e andamos uns dez minutos até um saubal[105]. Ali vimos o rastro dela voltando. Ela deve ter utilizado uma lenha em brasa para ter conseguido caminhar no escuro da noite. **[NOTA 8]**

Seguimos nosso caminho até o São Raimundo, que fica na margem esquerda do Canuaru. Chegamos lá no dia 2 de novembro. Acendemos uma vela para nosso pai, Raimundo Pedro de Souza. Ainda tinha muita fruteira lá pra cima, muita pupunha e castanheira. A gente via que os índios iam pra lá direto, pois haviam derrubado algumas castanheiras e palheiras. **[NOTA 9]**

Saímos cedo depois de três dias por lá. Voltamos desviando do caminho que tínhamos feito na ida para não ter o risco de topar com os índios novamente. Alcançamos nosso casquinho no final da tarde e decidimos baixar à noite mesmo, remando devagar e em silêncio.

---

102. Uma velha cabana de não indígenas.

103. Pequena palmeira da região, também conhecida como palha-branca.

104. Uma pequena palmeira.

105. As formigas do gênero *Atta*, conhecidas popularmente no Brasil por saúba ou saúva, organizam-se em colônias no interior de galerias subterrâneas. O formigueiro, saubal, é caracterizado por uma grande quantidade de terra revolvida em sua superfície.

Karen Shiratori

AO INDIGENISMO, OUTRO IMAGINÁRIO

A ciência mateira permite delinear um outro imaginário para o indigenismo brasileiro, imaginário esse que se afasta da figura gasta do sertanista solitário em sua coragem abnegada. Aqui, o lugar do sujeito do conhecimento é partilhado e depende da escuta, do aprendizado, da disposição mesma do devir-mateiro. Estar na posição de aprendiz da floresta demarca a responsabilidade política e científica de produzir um saber sobre o outro quando este recusa o contato, e esse saber engajado da ciência mateira demonstra que a boa ecologia amazônica é, também, uma forma de etnografia.

Na floresta, é preciso aprender a caminhar para poder caminhar junto, uma das condições práticas da ciência mateira. Deve-se andar suave, para não destruir os caminhos cultivados pelos animais e evitar aqueles dos espíritos; pisar de forma atenta, para não ser surpreendido por bichos peçonhentos ocultos; caminhar com o corpo flexível, de modo a contornar a ferida dos espinhos, as queimaduras do cipó de fogo, a arquitetura maliciosa dos ninhos de caba[106], as raízes e ramas sorrateiras que dão tombo.

O trajeto é criado na caminhada, pois o mapa indica somente o ponto de partida. Uma comunicação sutil se estabelece através dos gestos: uma pisada mais forte, um pulo, um olhar demorado, uma cabeça que se inclina para o dossel da floresta, um corpo que se abaixa para alcançar o solo, uma mão que busca algo entre os galhos... O aprendizado mateiro se faz na escuta silenciosa que prescinde de palavras. Quem busca conhecer o mato não consegue se esquecer da própria humanidade. De forma incisiva, os gestos indicam o que não deve ser ignorado: uma quebrada, uma retirada de mel ou de envira, um caminho novo ou velho, frutas comidas. Aquele que busca conhecer a gramática da floresta precisa de seus "tradutores", os mateiros.

A ciência mateira é, portanto, uma *ciência do concreto em movimento* que segue o passo dos companheiros e companheiras de varadouro. Tal saber torna-se efetivo quando percorre o caminho que leva de uma quebrada à descrição ecológica e etnográfica do povo que produziu aquele vestígio, à restrição territorial e, desta, finalmente, à demarcação do território indígena e à sua contínua proteção.

106. Vespa.

Dessa vez, monitorando os brancos

Em 2015, por meio da publicação de um editorial na revista *Science*[107], dois antropólogos norte-americanos defenderam o argumento de que os povos indígenas isolados deveriam ser contatados para seu próprio bem, ignorando séculos de devastação causada pelos contatos forçados — como alertou na ocasião a ONG Survival International. Os pesquisadores defenderam a elaboração de uma metodologia denominada "contato planejado" ou "contato controlado", sustentando a ideia de que tal metodologia poderia se dar de maneira bastante segura. Aventaram também a tese de que a existência de indígenas isolados "não é viável a longo prazo". Acredito que não seja necessário esclarecer que esses argumentos foram recebidos com grande entusiasmo por aqueles que almejavam os territórios ocupados por indígenas em nome do "progresso e avanço da civilização", para quem as florestas são exclusivamente fonte de recursos financeiros, energéticos, sustentáveis ou não, todavia recursos, nada além disso, como alerta o filósofo e ambientalista Ailton Krenak.

---

107. Robert S. Walker e Kim R. Hill, Protecting isolated tribes, *Science*, v. 348, n. 6239, p. 1061, jun. 2015 (*on-line*).

A esse respeito, narro brevemente minha experiência ao atuar diretamente na proteção de um desses territórios ainda ocupados por indígenas isolados, a TI Hi-Merimã, no sul do Amazonas. A base de trabalho é a Frente de Proteção Etnoambiental Madeira-Purus, e nos referimos genericamente à região como "Purus". O decreto de homologação dessa área foi publicado em 2005. O indigenista Rieli Franciscato coordenou as expedições que mapearam vestígios que culminariam na demarcação final do território do grupo indígena isolado.

Segundo Rieli, um dos principais vestígios encontrados nessas primeiras expedições foram os cemitérios hi-merimã, semelhantes àqueles dos Jamamadi, Banawá, Jarawara, Suruwaha, Deni, entre outros povos arawá das terras firmes do interflúvio dos rios Juruá e Purus. Naquele tempo, o território encontrava-se tomado por sorveiros[108] e caçadores não indígenas que trabalhavam para determinado patrão — ainda presente na região —, e a terra estava cercada por pessoas evangélicas que queriam fazer contato e evangelizar os Hi-Merimã a todo custo. Com a firmeza e a inconformidade que lhe eram características, Rieli também relatou a ocasião em que impediu o avanço de uma expedição de missionários na qual havia alguns membros visivelmente gripados, o que certamente resultaria no extermínio dos últimos Hi-Merimã.

À época, Rieli precisou, no entanto, seguir para o Vale do Javari — onde está a maior concentração de povos isolados do mundo, na tríplice fronteira entre Brasil, Peru e Colômbia —, e os trabalhos no Purus foram interrompidos por falta de servidores. Somente após a reestruturação da Funai, em 2008, a Frente de Proteção Etnoambiental Madeira-Purus foi reativada. Desde então, muitos servidores atuaram no local, e todos eles deixaram sua contribuição para a proteção do território hi-merimã.

A despeito de um contexto tão adverso, os Hi-Merimã prosperaram nesse período. De algumas dezenas de pessoas em constante fuga por conta das investidas missionárias e da invasão de sorveiros e caçadores antes da demarcação do território, os Hi-Merimã contam hoje com uma população de aproximadamente cem pessoas, provavelmente divididas em

---

108. Profissionais que se dedicam à extração e à comercialização do látex da árvore sorveira (*Couma macrocarpa*).

dois ou três grupos — a julgar pelos vestígios que monitoramos na última década.

Nesses últimos anos, já não é necessário avançar tanto pelo interior da TI a fim de observar seus vestígios. Planejávamos as expedições apenas com o objetivo de margear o território e verificar quais regiões mereciam maior atenção das ações de fiscalização. Tentávamos mapear a movimentação cíclica dos Hi-Merimã em seu território, a fim de nos antecipar aos seus deslocamentos e poder alertar os moradores do entorno sobre a possibilidade de avistamento de vestígios nos meses seguintes. No final de 2018, nosso principal desafio à frente dessas ações era acalmar a população regional e trazer esclarecimentos acerca do aumento de vestígios dos Hi-Merimã, que, finalmente, voltavam a ser cada vez mais frequentes.

Vestígios como cestinhos produzidos pelas meninas iniciadas na arte de suas mães substituíram gradativamente os cemitérios, tão comuns à época de Rieli. Passamos a registrar com mais frequência sinais que revelavam a realização de encontros e rituais entre os dois grupos Hi-Merimã, como festas e a realização de grandes caçadas e pescarias coletivas. Moquéns apareciam repletos de tracajás, queixadas e antas. Os locais

Acampamento de verão dos indígenas isolados do Mamoriá Grande, 2023. No primeiro plano inferior da imagem, observam-se sobre o solo tochas confeccionadas a partir de palha de caranaí; e, ao fundo, um pequeno cesto de palha de caranaí e rabos de jacu. Esses acampamentos são produzidos com a afixação de folhas de palmeiras no solo.

163

de processamento da batata *Casimirella ampla* e dos frutos do patauá eram cada vez mais frequentes. Os vestígios revelaram também que os Hi-Merimã passaram a ocupar territórios fora da TI demarcada, regiões forçadamente abandonadas no passado, mas que estão repletas de quebradas seculares e nichos de espécies vegetais enriquecidas por eles implantados.

A despeito do explícito aumento populacional dos Hi-Merimã, eles seguiram sem fazer nenhuma tentativa de contato. Todos os vestígios deles expressam a resiliência de um grupo indígena que esteve muito perto de ser exterminado.

Sobre a existência de povos indígenas isolados "não ser viável a longo prazo", o Estado precisa reconhecer sua culpa e sua responsabilidade nesse processo genocida, especificamente no caso dos pequenos grupos cuja população foi severamente reduzida, por conta dos inúmeros massacres sofridos nas últimas décadas, como os Piripkura, do noroeste do Mato Grosso, ou mesmo o morador solitário da TI Tanaru[109], conhecido como "Índio do Buraco", falecido em 2022.

Segundo a Constituição de 1988, o Estado tem o dever de demarcar as Terras Indígenas. Que o faça, portanto, para que seus habitantes possam viver com o mínimo de respeito e segurança em seus próprios lares, os quais sempre serão territórios indígenas, centros de memória dos povos do Brasil e símbolo de resistência de todas as nações indígenas da América do Sul. Só assim saberemos quem foram e contra quem resistiram.

À guisa de conclusão, é importante esclarecer que, antes da definição da política do não contato por parte do governo brasileiro, os sertanistas da Funai já promoviam os tais "contatos controlados" ou "contatos planejados" apregoados pelos pesquisadores norte-americanos. Por conta dos riscos inerentes, eles jamais foram realizados a esmo pelos indigenistas pretéritos e poderiam durar meses ou anos. Estruturas operacionais chegaram a ser construídas apenas com o objetivo de oferecer suporte logístico aos envolvidos no "contato" — nelas, os processos eram descritos e estudados, as estratégias, formuladas, e as etapas dos contatos, classificadas. "Namoro", por exemplo, era o nome dado à fase em

---

109. Ainda não demarcada pelo Estado brasileiro e atualmente em disputa oficial com fazendeiros da região.

que brindes e presentes eram oferecidos aos indígenas em sinal de paz. Tais ações eram acompanhadas por mateiros experientes, pesquisadores e profissionais da saúde e rigorosamente registradas. Dito isso, é fundamental esclarecer que a experiência do erro e do fracasso foi o que nos fez questionar e repensar tal metodologia. Vendo com os olhos de hoje, não seria exagero concluir que reformular as bases do nosso indigenismo foi uma tentativa de retirar do nosso ofício o peso de trabalharmos para uma política genocida. Isso porque não havia — em absoluto — falta de elementos históricos e de conhecimento registrado acerca de muitos episódios que custaram tantas vidas indígenas e não indígenas.

Mesmo com a política do não contato, houve casos pontuais de expedições indigenistas que seguiram protocolos distintos, adotaram metodologias de contato mediado, e os resultados foram extremamente prejudiciais para ambos os lados. Mesmo quando feitos para responder a emergências, a exemplo do que se deu no Vale do Javari nas últimas décadas — conforme amplamente divulgado pela grande mídia —, tais contatos mediados não tiveram respaldo unânime do conselho de sertanistas[110] e indigenistas mais experientes. Diante de uma Funai cujos dirigentes expressavam abertamente oposição à legislação indigenista em vigor, deveríamos preservar a política do não contato sem abrir precedentes para práticas de "atração e amansamento", sob o risco de retroagirmos em conquistas inéditas do Estado brasileiro em relação aos povos isolados.

Aproveito para ressaltar que todo o aprimoramento metodológico das ações de monitoramento de povos indígenas nas situações aqui retratadas precisa se revestir, necessariamente, de um aparato ético que nos responda: qual é o limite para o monitoramento de seres humanos? Até onde podemos ir para levantar informações sobre povos refugiados que estão em isolamento compulsório? Eufemismos à parte, o nome do que fazemos é espionagem, visto que a investigação e a invasão da privacidade daquelas pessoas são feitas sem o seu consentimento. Investigamos povos em meio à floresta, muito embora eu acredite que a

---

110. De caráter consultivo, o Conselho da Política de Proteção e Promoção dos Direitos dos Povos Indígenas Isolados e de Recente Contato, criado em 1º de junho de 2016, tem por objetivo subsidiar a presidência da Funai nos processos de tomada de decisão sobre as políticas públicas para povos indígenas isolados e de recente contato.

Atxu Marimã (*o quarto da esquerda para a direita*) em articulação de ações de proteção do território hi-merimã, 2023.

publicidade dada à prática e a tentativa de fazê-la a menos invasiva possível sejam o melhor que possamos oferecer no momento. Eles sabem onde estamos. Também nos espionam, acompanhando silenciosamente nossos passos quando adentramos seu território[111]. Talvez o melhor para eles fosse simplesmente aguardar e permanecer preparados para um eventual contato conosco ou com seus parentes do entorno — se essa for a vontade deles, obviamente. Contudo, creio que o cenário atual não nos permite isso. Muitos povos desapareceram completamente sem que soubéssemos de sua existência, revelada apenas através de seus vestígios. Os territórios indígenas seguem sendo destruídos. Os refugiados continuam na busca por uma "terra sem males" onde possam estar livres do assédio dos brancos, algo que soa cada vez mais utópico.

Devemos nos atribuir a responsabilidade de redirecionar o caminho de nossa prática, de nossa atuação. Torná-la melhor. Refazer suas trilhas e varadouros. Tão somente com a força de uma de nossas mãos já é possível quebrar modelos ineficientes; marcar uma mudança no curso de uma história, onde quer que nela estejamos. Precisamos de uma prática indigenista que assimile e dialogue com outras formas de pensar, com outras experiências e vivências, mas que tenha, não obstante, seu arcabouço de conhecimentos alicerçado e enraizado na forma de saber indígena.

111. Rieli Franciscato me relatou que, certa vez, o monitoramento dos vestígios wyrapara'ekwara o levara até o mirante de montanha de onde os indígenas contemplavam as cidades dos brancos.

Referências bibliográficas

ADICHIE, C. N. *O perigo de uma história única*. São Paulo: Companhia das Letras, 2019.

ALZZA, C. R. *et al.* Dossier "Pensando en el contacto inicial". *Anthropologica*, v. 39, n. 47, p. 311-5, 2021. Disponível em: https://revistas.pucp.edu.pe/index.php/anthropologica/article/view/24696/23447. Acesso em: 30 abr. 2024.

AMORIM, F. *Varadouros indígenas, percursos indigenistas*: relatos e perspectivas sobre o isolamento dos povos indígenas. Dissertação (mestrado em Ciências Sociais) — Universidade Federal do Oeste do Pará (Ufopa), Santarém, 2022.

AZEVEDO, A. M. H. *Pessoas falantes, espíritos cantores, almas-trovões*: história, sociedade, xamanismo e rituais de autoenvenenamento entre os Suruwaha da Amazônia ocidental. Tese (doutorado em Antropologia Social) — Universität Bern, Berna, 2012.

BENSUSAN, N. *Do que é feito o encontro*. Brasília, Mil Folhas/IEB, 2019.

BIGIO, E. S. *Povos indígenas isolados em Mato Grosso*. Cuiabá, Operação Amazônia Nativa (Opan), 2021. Disponível em: https://amazonianativa.org.br/pub/povos-indigenas-isolados-em-mato-grosso. Acesso em: 19 ago. 2024.

BRAGA, L. V.; CANGUSSU, D.; FURQUIM, L. P. Abertura — Instrumentos de promoção das políticas para povos indígenas isolados e de recente contato: os Tupi no arco do desmatamento. *Revista Brasileira de Linguística Antropológica*, v. 14, 2022, p. 15-60.

CANGUSSU, D. *Manual indigenista mateiro*: princípios de botânica e arqueologia aplicados ao monitoramento e proteção dos territórios dos povos indígenas isolados na Amazônia. Dissertação (mestrado em Gestão de Áreas Protegidas na Amazônia) — Instituto Nacional de Pesquisas da Amazônia (Inpa), Manaus, 2021. Disponível em: https://repositorio.inpa.gov.br/bitstream/1/36977/1/Manual%20Indigenista%20Mateiro.pdf. Acesso em: 12 jan. 2024.

CANGUSSU, D. *et al.* Ecología del deseo: árboles atractivos y los pueblos indígenas en aislamiento en la Amazonía. *Habitus — Revista do Instituto Goiano de Pré-história e Antropologia*,

Goiânia, v. 20, n. 2, ago./dez. 2022, p. 536-558. Disponível em: https://seer.pucgoias.edu.br/index.php/habitus/article/view/12258/6220. Acesso em: 30 abr. 2024.

CANGUSSU, D. *et al.* From Honey to the Arch of Ashes: About the Ecology of Bees and the Territories of Isolated Indigenous Peoples on the Amazon Frontier. *Revista Brasileira de Linguística Antropológica*, v. 14, p. 277-314, 2022. Disponível em: https://periodicos.unb.br/index.php/ling/article/view/46450/36356. Acesso em: 12 jan. 2024.

CANGUSSU, D. *et al.* Uma arqueologia do não contato: povos indígenas isolados e a materialidade arqueológica das matas e plantas na Amazônia. *Revista de Arqueologia*, v. 35, n. 3, p. 137-162, 2022. Disponível em: https://revista.sabnet.org/ojs/index.php/sab/article/view/975. Acesso em: 12 jan. 2024.

CANGUSSU, D.; SHIRATORI, K.; FURQUIM, L. Notas botánicas sobre aislamiento y contacto. *Anthropologica*, v. 39, n. 47, p. 339-376, 2021. Disponível em: https://revistas.pucp.edu.pe/index.php/anthropologica/article/view/23377/23449. Acesso em: 30 abr. 2024.

CLEMENT, C. R. 1492 and the Loss of Amazonian Crop Genetic Resources: II. Crop Biogeography at Contact. *Economic Botany*, v. 53, p. 188-202, 1999.

COCCIA, E. *A vida das plantas*: uma metafísica da mistura. Florianópolis: Cultura e Barbárie, 2018.

EMPERAIRE, L. *et al.* (org.). *Povos tradicionais e biodiversidade no Brasil*: contribuições dos povos indígenas, quilombolas e comunidades tradicionais para a biodiversidade, políticas e ameaças. v. 1. Brasília: Sociedade Brasileira para o Progresso da Ciência (SBPC), 2021.

GALEANO, E. *As veias abertas da América Latina*. Porto Alegre: L&PM, 2010.

GALLOIS, D. T. De arredio a isolado: perspectivas de autonomia para os povos indígenas recém-contactados. Em: GRUPIONI, L. D. B. (org.), *Índios no Brasil*. São Paulo: Secretaria Municipal de Cultura, 1992.

GOW, P. "Me deixa em paz!": um relato etnográfico preliminar sobre o isolamento voluntário dos Mashco. *Revista de Antropologia*, v. 54, n. 1, p. 11-46, 2011.

HALLÉ, F. *A vida das árvores*. São Paulo: Olhares, 2022.

HARAWAY, D. *O manifesto das espécies companheiras*: cachorros, pessoas e alteridade significativa. Rio de Janeiro: Bazar do Tempo, 2021.

HUBER, Adriana. *Pessoas falantes, espíritos cantores, almas-trovões:* história, sociedade, xamanismo e rituais de autoenvenenamento entre os Suruwaha da Amazônia ocidental. Tese (doutorado em Antropologia Social) — Universität Bern, Berna, 2012.

HUERTAS, B. *Los pueblos indígenas en aislamiento*: su lucha por la sobrevivencia y la libertad. Lima: IWGIA, 2002.

HUSTAK, C.; MYERS, N. *Le Ravissement de Darwin*: le langage des plantes. Paris: La Découverte, 2020.

JABUR, C. Una política "a medio camino": reflexiones sobre la política para pueblos indígenas de contacto reciente en Brasil. *Anthropologica*, v. 39, n. 47, p. 413-445, 2021. Disponível em: http://www.scielo.org.pe/scielo.php?pid=S0254-92122021000200413&script=sci_abstract. Acesso em: 30 abr. 2024.

KROEMER, G. *A caminho das malocas Zuruahá*. São Paulo: Loyola, 1989.

LAND IS LIFE. *Pueblos indígenas en aislamiento en la Amazonía y Gran Chaco*: Informe regional — territorios y desarrollo. Quito: Abya-Yala, 2019. Disponível em: https://www.landislife.org/wp-content/uploads/2019/10/Land-is-life-25-septiembre-2019.pdf. Acesso em: 18 jan. 2024.

LÉVI-STRAUSS, C. O uso das plantas silvestres da América do Sul tropical. Em: RIBEIRO, D. (org.); RIBEIRO, B. G. (coord.). *Suma etnológica brasileira* (edição atualizada do *Handbook of South American Indians*). v. 1 — Etnobiologia. Petrópolis, RJ: Vozes/Finep, 1986, p. 15-46. Disponível em: http://www.etnolinguistica.org/suma:vol1p27-46. Acesso em: 30 abr. 2024.

LEVIS, C. *Domestication of Amazonian Forest*. Tese (doutorado em Ecologia e em Ecologia e Conservação de Recursos) — Instituto Nacional de Pesquisas da Amazônia (Inpa) e Wageningen University, Manaus e Wageningen, 2018.

LEVIS, C. *et al.* Historical Human Footprint on Modern Tree Species Composition in the Purus-Madeira Interfluve, Central Amazonia. *Plos One*, v. 7, n. 11, nov. 2012.

LOEBENS, G. F.; NEVES, L. J. de O. (org.). *Povos indígenas isolados na Amazônia*: a luta pela sobrevivência. Manaus: Conselho Indigenista Missionário (Cimi)/Editora da Universidade Federal do Amazonas (Edua), 2011.

MANCUSO, S. *A incrível viagem das plantas*. São Paulo: Ubu, 2022.

MANCUSO, S. *A planta do mundo*. São Paulo: Ubu, 2021.

OCTAVIO, C. R.; COELHO, M. E.; ALCÂNTARA E SILVA, V. *Proteção e isolamento em perspectiva*: experiências do projeto Proteção Etnoambiental de Povos Indígenas Isolados e de Recente Contato na Amazônia. Brasília, Centro de Trabalho Indigenista (CTI), 2020. Disponível em: https://acervo. socioambiental.org/acervo/livros/protecao-e-isolamento -em-perspectiva-experiencias-do-projeto-protecao- etnoambiental. Acesso em: 30 abr. 2024.

OLIVEIRA, B. B. Do tradicional ao indiciário, e depois: uma narrativa contemporânea brasileira. *Viso — Cadernos de Estética Aplicada*, v. 6, n. 11, p. 202-210, jan.-jun. 2012.

OLIVEIRA, J. C. de. A sedução das mandiocas. Em: LABATE, B.; GOULART, S. (org.). *O uso de plantas psicoativas nas Américas*. Rio de Janeiro: Gramma/Neip, 2019.

OPAS, M. *et al.* Resistance beyond the Frontier: Concepts and Policies for the Protection of Isolated Indigenous Peoples of the Amazon. *Tipití — Journal of the Society for the Anthropology of Lowland South America*, v. 16, n. 1, p. 1-4, 2018.

OPI (Observatório dos Direitos Humanos dos Povos Indígenas Isolados e de Recente Contato). *Reestruturação e consolidação da política indigenista para povos indígenas isolados e de recente contato*: propostas e diretrizes para a garantia e efetivação de seus direitos. Brasília/Santarém: ISA, 2022. Disponível em: https://acervo.socioambiental.org/acervo/documentos/ reestruturacao-e-consolidacao-da-politica-indigenista -para-povos-indigenas. Acesso em: 30 abr. 2024.

OTTO, R. *A besta árida*: uma perspectiva "antineolítica" entre os Awá-guajá, Tupi no Maranhão. *Teoria & Sociedade*, v. 24, n. 2, 2016, p. 130-154.

PEREIRA, A. V. *Demarcando vestígios*: definindo (o território de) indígenas em isolamento voluntário na Terra Indígena Massaco. Dissertação (mestrado em Antropologia Social) — Universidade Federal de São Carlos (UFSCar), São Carlos, SP, 2018.

RAVEN, P. H.; EVERT, R. F.; EINCHHORN, S. E. *Biologia vegetal*. 6. ed. Rio de Janeiro: Guanabara Koogan, 2001.

REEL, M. *O último da tribo*: a epopeia para salvar um índio isolado na Amazônia. São Paulo: Companhia das Letras, 2010.

RIBEIRO, F.; APARICIO, M.; MATOS, B. de A. Isolamento como declaração de recusa: políticas indígenas contra a violência do Estado brasileiro. *Tipití — Journal of the Society for the*

Anthropology of Lowland South America, v. 18, n. 1, p. 148-152, 2022.

RICARDO, F.; GONGORA, M. F. (org.). *Cercos e resistência*: povos indígenas isolados na Amazônia brasileira. São Paulo: ISA, 2019.

RODRIGUES, P. M. *Relatório circunstanciado de identificação e delimitação*: Terra Indígena Taego-Ãwa. Brasília, Funai, 2012.

SANTANA, C. A invisibilidade das mulheres indigenistas: entrevista com Ananda Conde. *Observatório dos direitos humanos dos povos indígenas isolados e de recente contato*, 8 jul. 2017. Disponível em: https://povosisolados.wordpress.com/2017/07/08/a-invisibilidade-das-mulheres-indigenistas-entrevista-com-ananda-conde. Acesso em: 26 jul. 2024.

SHIRATORI, K. *O olhar envenenado*: da metafísica vegetal jamamadi (médio Purus, AM). Tese (doutorado em Antropologia Social) — Universidade Federal do Rio de Janeiro (UFRJ), Rio de Janeiro, 2018.

SHIRATORI, K. ; CANGUSSU, D. La Saveur du cœur et l'amertume du corps: chamanisme et poisons chez les Arawá du moyen Purus (Amazonie brésilienne). *Revue d'ethnoécologie*, v. 23, 2023. Disponível em: https://journals.openedition.org/ethnoecologie/10025. Acesso em: 30 abr. 2024.

SHIRATORI, K.; CANGUSSU, D.; FURQUIM, L. P. *Life in Three Scenarios*: Plant Controversies between Jamamadi Gardens and Hi-Merimã Patauá Palm Orchards (Middle Purus River, Amazonas, Brazil)". *Journal of Anthropological Archaeology*, v. 64, 2021.

VAZ, A. *Isolados no Brasil*: Política de Estado — da tutela para a política de direitos — uma questão resolvida? Brasil: IWGIA, 2011.

VILLAS-BÔAS, O.; VILLAS-BÔAS, C. *A marcha para o Oeste*: epopeia da Expedição Roncador-Xingu. São Paulo: Globo, 1994.

WALKER, R. S.; HILL, K. R. Protecting isolated tribes. *Science*, v. 348, n. 6239, p. 1061, jun. 2015. Disponível em: https://www.science.org/doi/10.1126/science.aac6540. Acesso em: 22 ago. 2024.

WALLACE, S. *Além da conquista*: Sydney Possuelo e a luta para salvar os últimos povos isolados da Amazônia. Rio de Janeiro: Objetiva, 2013.

Créditos das imagens

p. 3
Fotografia de Marco Aurélio Tosta
Acervo fotográfico da CGIIRC/Funai[112]

p. 27, 35, 38, 53, 66, 67 (*acima*), 69, 70, 80, 82, 83, 85, 86, 89, 90, 93, 97, 98, 101, 103, 109, 110, 113, 116, 120 (*à direita*), 121, 122, 128, 130, 131 e 163. No encarte: p. 4, 6, 7, 10 (*acima e abaixo*), 12, 13, 16, 17, 18, 19 (*abaixo*), 21 (*à esquerda*) e 23
Fotografias de Daniel Cangussu
Acervo fotográfico da CGIIRC/Funai

p. 28 e 104
Fotografias de Clóvis Guajajara
Acervo fotográfico da CGIIRC/Funai

p. 32
Mapa elaborado por Luis Felipe dos Santos Melo
Projeção de Albers South America
Fontes: *Limites geográficos – RPIIs* (IBGE, 2022); Conselho Indigenista Missionário (Cimi), 2011; Land is life, 2019; e ISA, 2019
Acervo do Núcleo de Ecologia Aplicada à Proteção dos Territórios dos Povos Indígenas Isolados da Amazônia (ECOPII) – UFMG

p. 47, 48, 87, 108 (*acima, à direita*), 118, 119, 120 (*à esquerda e ao centro*), 125, 135 e 136. No encarte: p. 15 (*acima*) e 21 (*ao centro e à direita*)
Fotografias de Daniel Cangussu
Acervo pessoal

p. 51
Fotografia de Antônio Azevedo dos Santos
Acervo fotográfico da CGIIRC/Funai

---

112. Sigla para Coordenação Geral de Índios Isolados e de Recente Contato.

p. 60 e 108 (*acima, à esquerda*)
Fotografias de Altair Algayer
Acervo fotográfico da CGIIRC/Funai

p. 64
Fotografia de Fernando Ozório de Almeida
Acervo fotográfico da CGIIRC/Funai

p. 67 (*à direita*)
Fotografia de William Perez
Acervo fotográfico da CGIIRC/Funai

p. 88
Fotografia de Rogélio Nogueira Alves (Shell)
Acervo fotográfico da CGIIRC/Funai

p. 100
Fotografia de Eduardo Viveiros de Castro
Acervo pessoal

p. 123 (*acima*). No encarte: p. 19 (*acima*)
Fotografias de Lucas Clímaco Mattos
Acervo fotográfico da CGIIRC/Funai

p. 123 (*abaixo*)
Fotografia de Carmem Miguel Cangussu
Acervo pessoal

p. 138
Fotografia de Karen Shiratori
Acervo pessoal

p. 139
Fotografia de Mauro Gonçalves Knackfuss
Acervo fotográfico da CGIIRC/Funai

p. 150
Fotografia de Manoel Edson Medeiros da Silva
Acervo fotográfico da CGIIRC/Funai

p. 166
Fotografia de Christian Braga/ISA
Acervo fotográfico do Instituto Socioambiental (ISA)

No encarte: p. 8 e 10 (*ao centro*)
Fotografias de Manoel Edson Medeiros da Silva
Acervo fotográfico da CGIIRC/Funai

No encarte: p. 15 (*acima*)
Fotografia de Elizabeth Miguel
Acervo pessoal

Agradecimentos

Sempre são muitas as pessoas e as circunstâncias que atravessam a concepção de um livro. Este é fruto de uma jornada iniciada em 2010, ano em que comecei a trabalhar na Amazônia junto à Funai. Este *Vestígios da floresta*, portanto, é resultado da experiência vivida entre mateiros e pesquisadores, alguns dos quais ajudaram a escrever este livro, e a eles apresento meu agradecimento e minha admiração.

Cada um dos capítulos deste trabalho expressa parcerias de pesquisa. Foi durante diálogos com a arqueóloga Laura Furquim, por exemplo, que surgiu a ideia de uma estratigrafia própria às árvores e às florestas vivas. Do mesmo modo, foram as etnólogas Renata Otto Diniz e Karen Shiratori que me conduziram pelas etnografias aqui mobilizadas, sem as quais este livro não existiria. A elas, deixo meu agradecimento.

Desde minha dissertação de mestrado *Manual indigenista mateiro*, defendida no Instituto Nacional de Pesquisas da Amazônia (Inpa) sob a orientação das pesquisadoras Ana Carla dos Santos Bruno e Maria Auxiliadora Drumond, houve quem articulasse com afinco para que uma versão adaptada e mais acessível estivesse ao alcance das pessoas que se interessam pelas ciências das matas e por seus povos. Aqui, faço um agradecimento especial à Nina Kahn, pelas releituras e revisões, pelo entusiasmo e pela insistência em fazer este *Vestígios da floresta* existir.

Agradeço igualmente ao amigo Diego Scalada, pelo auxílio na reformulação e adaptação textuais; ao amigo Leão Serva, um dos idealizadores deste projeto; e à equipe das Edições Sesc São Paulo, por todo o cuidado na produção desta obra.

Por fim, agradeço às minhas queridas Elizabeth Miguel e Carmem Miguel Cangussu, pelo apoio no decorrer da jornada na qual este livro foi concebido. São quinze anos cheios de encontros e desencontros, de longos períodos trabalhando na floresta, e da saudade de vocês que sempre me acompanhou.

Sobre o autor

Daniel Cangussu nasceu em 1983, na cidade de Águas Formosas, Vale do Mucuri, no nordeste de Minas Gerais, onde viveu grande parte de sua infância. Graduou-se em Ciências Biológicas pela Universidade Estadual de Montes Claros (Unimontes) e se especializou em Tecnologias Aplicadas ao Ensino de Biologia pela Universidade Federal de Goiás (UFG). No início de 2021, concluiu o mestrado em Gestão de Áreas Protegidas na Amazônia, pelo Instituto Nacional de Pesquisas da Amazônia (Inpa).

Atua como indigenista pela Fundação Nacional dos Povos Indígenas (Funai) desde 2010, onde passou a integrar o quadro de servidores que se dedica à proteção dos territórios dos povos indígenas isolados e de recente contato na Amazônia. Retornando à terra natal entre 2019 e 2021, atuou junto aos povos indígenas do Vale do Jequitinhonha e do Vale do Mucuri, com os quais permanece desenvolvendo projetos de pesquisa. Reside atualmente na cidade de Lábrea, no sul do Amazonas, com a esposa e a filha.

Está vinculado atualmente ao Laboratório de Sistemas Socioecológicos e ao Programa de Pós-graduação em Ecologia, Conservação e Manejo da Fauna Silvestre, da Universidade Federal de Minas Gerais (UFMG). Tem estabelecido parcerias com pesquisadores de diversas áreas do conhecimento, sendo o diálogo interdisciplinar um traço de seus principais trabalhos em ecologia histórica e etnobotânica.

Fonte	Fraunces
	Usual
Papel	Mistral Tradition Ivory Fedrigoni 250 g/m² (capa)
	Pergamenata Naturale 90 g/m² (sobrecapa)
	Pólen Bold 90 g/m² (miolo)
	Chambril Avena 80 g/m² (encarte)
Impressão	Maistype
Data	Novembro de 2024